ORÁCULO
ANJOS e ANCESTRAIS

Guia de utilização

ORÁCULO
ANJOS e ANCESTRAIS

Guia de utilização

KYLE GRAY

Ilustrações por Lily Moses

© Publicado originalmente pela Hay House.
© Publicado em 2021 pela Editora Isis.

Tradução e revisão: Karine Simões
Ilustrações: Lily Moses
Diagramação: Décio Lopes

Dados de Catalogação da Publicação

Gray, Kyle

Oráculo Anjos e Ancestrais / Kyle Gray. Editora Isis. 1ª edição.
São Paulo, SP. 2021.

ISBN: 978-65-5793-015-1

1. Tarô 2. Oráculo 3. Arte divinatória I. Título.

Proibida a reprodução total ou parcial desta obra, de qualquer forma ou por qualquer meio seja eletrônico ou mecânico, inclusive por meio de processos xerográficos, incluindo ainda o uso da internet sem a permissão expressa da Editora Isis, na pessoa de seu editor (Lei nº 9.610, de 19.02.1998).

Direitos exclusivos reservados para Editora Isis.

EDITORA ISIS LTDA
www.isiseditora.com.br
contato@isiseditora.com.br

"Guardiões dos quatro cantos, Mãe Terra, Pai Celestial, anjos, ancestrais, sagrados, eu os invoco e os recebo aqui agora!"

Sumário

Introdução	1
Como usar o livro Anjos e Ancestrais	3
O Baralho Explicado	4
Criando um Vínculo Com Suas Cartas de Oráculo	6
Usando Suas Cartas	12
Conduzindo Leituras	14
Sugestões de Aberturas	19
Aprecie a Experiência!	27
Os Sagrados	
O Druida	30
O Ancião	32
O Pai Celestial	34
O Grande Mestre	36
O Eremita	38
O Sumo Sacerdote	40

A Suma Sacerdotisa	42
O Caçador	44
O Cavaleiro	46
A Dama	48
O Lorde	50
A Mãe Curandeira	52
A Mãe Terra	54
O Oráculo	56
A Pacificadora	58
O Sábio	60
A Vidente	62
O Xamã	64
O Mestre Shaolin	66
O Metamorfo	68
A Loba	70
A Donzela Escudeira	72
O Espírito Vulpino	74
A Estrela Ancestral	76
O Sonhador	78
O Comerciante	80
A Viajante	82
O Guerreiro	84
A Bruxa Branca	86
A Erudita	88

Sumário

Guardiões e Mensageiros

Guardiã do Ar	92
Guardiã Animal	94
Guardião da Direção	96
Guardião da Terra	98
Guardião do Fogo	100
Anjo Guardião	102
Guardiã do Coração	104
Guardiã da Magia	106
Guardião da Cura	108
Guardiã do Espelho	110
Guardiã da Proteção	112
Guardiã da Água	114

Símbolos do Guerreiro

A Flecha	118
A Flecha Partida	120
O Tambor	122
A Águia	124
A Lua	126
As Montanhas	128
A Cobra	130
O Cervo	132
O Sol	134

Estações
    Outono   138
    Primavera   140
    Verão   142
    Inverno   144

Sobre a Artista   146
Sobre o Autor   147

Introdução

Congregando-se nos reinos espirituais ocultos, anjos e ancestrais estão usando sua sabedoria para ajudar a curar a Terra. Essa incrível força de amor pode ser acessada por nós, mas primeiro devemos nos dispor a tal e este oráculo o ajudará a estabelecer essa conexão.

Os anjos são seres divinos que ecoam o coração do amor. São almas inteligentes pré-humanas encarregadas de monitorar o bem-estar de todos os seres sencientes. Embora etéreos, tomaram forma ao surgir nos quatro cantos do mundo e podem ter diferentes nomes e rostos em inúmeros lugares, porém sua essência e missão permanecem as mesmas: amar, ajudar e guiar.

Ancestrais são as almas dos guardiões da sabedoria que partiram de todas as partes do mundo. Eles são eruditos, guerreiros, curandeiros, xamãs e outros que adquiriram conhecimento para ajudar seu povo a crescer e se desenvolver. Assim como os anjos, os ancestrais podem ser invocados em oração, meditação e cerimônia para cura, mudança e apoio de outros mundos.

Juntos, anjos e ancestrais trazem uma oferta poderosa de sabedoria que tem como objetivo auxiliar nossa vida espiritual e física. Os anjos oferecem uma energia sem julgamentos e totalmente amorosa para nos sentirmos seguros e guiados. Os espíritos ancestrais nos proporcionam experiência, pois sabem como é andar pela Terra e aprender sobre sua magia e cura.

Com este oráculo poderoso, você tem a oportunidade de preencher a lacuna entre este mundo e os outros. Tem em suas mãos uma chave para a grande sabedoria de cura que irá ecoar aquilo que você já conhece profundamente.

Anjos e ancestrais sabem o que você precisa e, por meio de conexão e cerimônia com este baralho, você estará permitindo que eles tragam mensagens que o ajudarão a trilhar seu caminho e viver uma vida cheia de magia.

Como usar o livro Anjos e Ancestrais

As cartas deste oráculo oferecem uma oportunidade poderosa de adentrar a cerimônia para homenagear e ser honrado pelos sagrados. Elas atuam como uma ponte entre este e outros mundos, trazendo orientação, visão e apoio. O que é importante saber é que a magia não vem das cartas, elas simplesmente refletem a incrível sabedoria que está dentro de você.

Trabalhar com as cartas do oráculo é um tipo de cerimônia sagrada e quanto mais tempo e energia dedicar a elas, melhor e mais confiante você se tornará. E quanto mais reconhecer que é a sua presença que está facilitando essa incrível conexão, mais nítidas serão suas mensagens e interpretações.

O Baralho Explicado

Este oráculo é composto por 55 cartas sem uma ordem particular de importância. Cada uma oferece uma oportunidade para se conectar com os poderes existentes e a orientação que vem de anjos, ancestrais e até mesmo da Terra.

Os Sagrados

No baralho você encontrará uma seleção de 30 sábios de outros tempos. Essa é uma reunião de almas incríveis que se dedicam a transmitir a sabedoria ancestral do além. São xamãs, curandeiros, leigos, guerreiros e mercadores dos quatro cantos da Terra. Eles sabem o que é caminhar neste planeta e viver da terra e, portanto, de uma perspectiva espiritual, são capazes de oferecer orientação e visão que apoiarão seu caminho na vida.

Guardiões e Mensageiros

Existem também 12 espíritos guardiões que trazem mensagens milagrosas de orientação e cura. Esses são os guardiões das direções e os anjos dos elementos que protegem o círculo mágico na prática xamânica. Esses espíritos-guia o ajudarão a se conectar com suas necessidades e desejos primordiais para que você possa viver uma vida plena que está alinhada com sua verdade, bem e propósito mais elevados.

Símbolos do Guerreiro

Quando eu estava escrevendo meu livro Guerreiro da Luz, tive um sonho em que me mostraram símbolos que poderiam ser usados para receber mensagens poderosas diretamente de meus guias e anjos. Quando esses "Símbolos do Guerreiro" aparecem em uma leitura, eles podem revelar informações importantes que o ajudarão a entender o que você precisa fazer a seguir. São 9 cartas de símbolos, todas trazendo lições e indicações de crescimento. Os sagrados mais antigos procurariam os presságios da natureza para adivinhar o resultado de uma situação, tais símbolos atuam como esses sinais dentro deste baralho.

Estações

Todos os anos, as estações vêm e vão e trazem consigo energias poderosas. As cartas das estações trazem mensagens que o ajudarão a entrar no fluxo da vida e também podem indicar o momento de uma mensagem em um sentido mais linear, ou seja, determinada estação dará início às energias relevantes. Todas as estações também trazem suas próprias curas, permita que elas sejam ótimas professoras para você.

Criando um vínculo com suas cartas do Oráculo

Os sagrados criaram suas próprias formas de se conectar com o espírito e os ancestrais, muitas vezes usando oráculos feitos de pedras, ossos e conchas. Como esses oráculos eram em sua maioria feitos à mão com materiais caçados e coletados, as energias do criador e dos materiais foram infundidas neles. É sabido, desde antigamente até os tempos atuais, como é essencial ter um vínculo energético com os meios que você está usando para se conectar com o espírito. Mesmo que não tenha procurado os materiais deste oráculo ou o tenha criado com suas próprias mãos, não se preocupe, ainda é possível formar uma conexão sinergética poderosa com ele.

Seu vínculo pode ser criado e selado por meio de uma cerimônia em um instante e, com o tempo, sua força e frequência aumentarão. Sua cerimônia para conectar-se com as cartas, abençoá-las e alinhá-las com sua energia pode ser tão complicada ou simples quanto você gostaria. Sinceramente, é a intenção que conta. Mas, por que não deixar esta cerimônia guiada ser uma maneira simples de se conectar com os sagrados, guardiões e energias da natureza que residem neste deslumbrante oráculo?

Como usar o livro Anjos e Ancestrais

Cerimônia de Conexão

Você precisará de:

- alguma privacidade e espaço onde possa se sentir relaxado e seguro;
- uma noção aproximada dos pontos cardeais, Norte, Sul, Leste, Oeste;
- suas cartas.

Comece centrando-se em si e em sua energia, parando alguns momentos para respirar profunda e conscientemente. Quando se sentir focado, diga internamente.

"Estou aqui neste espaço para forjar um vínculo sagrado com meu oráculo hoje".

Pegue seu baralho em suas mãos, examine-o cuidadosamente e toque em cada uma das cartas. Faça isso com paciência e atenção, pois esta é uma experiência a ser valorizada.

Quando estiver pronto, segure suas cartas com as duas mãos e diga:

Guardiões dos quatro cantos, Mãe Terra,
Pai Celestial, anjos, ancestrais, sagrados,
eu os invoco e recebo aqui agora!

Sou grato por criarem um sagrado e seguro,
um espaço ao meu redor para que eu possa desenvolver,
um vínculo com este oráculo hoje.

Estou pronto para desenvolver uma conexão mais profunda comigo mesmo, com meus dons e minha intuição para que eu possa ouvir, sentir, ver e conhecer as mensagens de orientação que surgem dentro de mim.

Eu defini a intenção de que tudo o que é obtido com as lições aprendidas com esta ferramenta será dedicado ao crescimento de todos os seres em todos os lugares.

Vire-se para o Leste e diga:

*Guardiões do Leste, anjos do Ar,
sou grato por trazer sua presença e bênçãos.*

*Como uma brisa fresca,
preencham este oráculo com clareza.*

Sou grato por suas mensagens mudarem as percepções para o que é milagroso, é tão bom saber que isso é capaz desbloquear minha visão interior.

Congratulo-me com suas bênçãos do Leste.

Vire-se para o Sul e diga:

*Guardiões do Sul, anjos do Fogo,
sou grato por trazer sua presença e bênçãos.*

*Como uma tocha ardente,
preencham este oráculo com luz.
Sou grato por suas mensagens acenderem paixões.*

*É tão bom saber que isso pode guiar
minhas intenções e desejos.*

Congratulo-me com suas bênçãos do Sul.

Vire-se para o Oeste e diga:

Guardiões do Oeste, anjos da Água,
sou grato por trazer sua presença e bênçãos.

Como uma onda de bondade,
banhem este oráculo com amor.

Sou grato por desbloquearem
percepções emocionais que tenho.

É tão bom saber que isso pode
me ajudar a imergir profundamente.

Congratulo-me com
suas bênçãos do Oeste.

Vire-se para o Norte e diga:

Guardiões do Norte, anjos da Terra,
sou grato por trazer sua presença e bênçãos.

Com raízes fortes,
alicercem este oráculo com sabedoria.

Sou grato por revelarem minha
força terrena e dons espirituais.

É tão bom saber que isso pode me ajudar
a ficar centrado no conhecimento.

Congratulo-me com suas bênçãos do Norte.

Traga as cartas ao seu coração e diga:

*Grande Mãe Terra,
Sou grato por tudo que faz.*

*Sou grato por seu suprimento diário,
inteligência e abrigo.*

*Sou grato por me fazer me sentir seguro
para expressar meus dons.*

Congratulo-me com suas bênçãos sobre este oráculo.

Congratulo-me com sua orientação em minha vida.

*Sou grato por conduzir os sagrados
e suas mensagens até mim.*

Meu coração lhe pertence.

*Grande Pai Celestial,
hoje lhe entrego essa intenção,
bem como à sua luz e amor mais sagrados.*

*Sou grato por alinhar a mim e a este oráculo,
com o bem maior e a verdade absoluta.*

Sei que toda esta situação é obra sua

*Sei, portanto, que tudo o que surge
desta intenção será divinamente guiado.*

Meu coração está com você.

Aho!

Respire fundo.

Como usar o livro Anjos e Ancestrais

Visualize a luz das quatro direções entrando em suas cartas do oráculo. Imagine a sabedoria da Terra beijando-as com luz e o amor do coração do universo abençoando-as. Você pode adicionar qualquer uma de suas próprias orações e intenções. Quando estiver pronto, conclua sua cerimônia dizendo:

*Minha intenção é que todas essas bênçãos
e intenções permitam que eu me alinhe
à verdade absoluta e ao bem maior
e viva minha vida com um propósito.
Assim seja!*

Seu oráculo agora está
verdadeiramente ligado a você!

———

Usando Suas Cartas
Como as cartas funcionam

Anjos e ancestrais operam sob a lei divina do livre arbítrio. Isso significa que não podemos receber a ajuda deles efetivamente, a menos que a solicitemos. A melhor maneira de receber a incrível orientação desses mestres sagrados é por meio da oração, da intenção, da meditação e, claro, deste oráculo.

Apenas segurar as cartas e se preparar para usá-las mostra que você está aberto a receber informações, percepções e mensagens de anjos e ancestrais, mas é importante saber exatamente como as cartas revelam essas mensagens para você. De acordo com a lei espiritual, se "semelhante atrai semelhante", então atraímos ou criamos experiências com base em nossos pensamentos, sentimentos e ações. Ao usar um baralho de oráculo, somos atraídos pelas cartas que melhor refletem nossa personalidade, situação, pontos fortes, dons e desafios naquele momento específico.

Abordando as cartas com integridade

As cartas são uma ferramenta que nos ajuda a nos comunicarmos diretamente com o divino. Por essa razão, devemos abordá-las com integridade. Isso significa que, quando escolhemos uma carta e ela não nos diz o que queremos ouvir, temos que reconhecer que talvez ela esteja nos dizendo algo que de fato precisamos ouvir. É por isso que é tão importante abordarmos as cartas com a cabeça fria e o coração aberto, prontos para receber conselhos honestos e perspicazes, qualquer que seja esse conselho.

Abordar com respeito, pelas cartas e por nós mesmos, também aumentará nosso nível de conexão e comunicação com o divino.

Portanto, não pegue seu baralho quando:

- estiver sob a influência de álcool.
- estiver emocionalmente sobrecarregado.
- tiver acabado de ter uma discussão ou um desentendimento.
- não estiver preparado para ouvir a verdade.

Você obterá os melhores resultados quando:

- acabar de fazer uma meditação.
- começar seu dia.
- acabar de caminhar na natureza.
- recém sair do banho.

Conduzindo Leituras

Você pode usar as cartas para fornecer leituras precisas para você e para outras pessoas. Não existem regras ou dogmas em torno delas. Esqueça todas as velhas superstições que ouviu e perceba que tudo está relacionado à confiança e a entrar com a melhor das intenções. Você está no controle do que acontece durante uma leitura, e seus anjos, guias e ancestrais irão apoiá-lo durante todo o processo. Fazer leituras de cartas com este baralho é absolutamente seguro e esclarecedor, e deve ser divertido também!

Aumentando a Vibração

Para ajudar suas leituras a se manterem focadas e precisas, é sempre bom manter sua energia sintonizada em um nível alto. Portanto, estabelecer alguns rituais ou práticas para obter essa energia positiva, aberta e amorosa é sempre um bom começo. Antes de fazer uma leitura (para si ou para outras pessoas), é recomendável que faça uma breve meditação em que se define a intenção, podendo, se quiser, visualizar-se coberto por uma luz branca ou dourada. Também há a possibilidade de pensar ou listar no diário todas as coisas pelas quais é grato na vida. Pode-se também dar um passeio na natureza, acender um incenso ou uma vela ou trazer uma imagem ou estátua de seu santo, anjo ou similar para o espaço com você. Seja como for, manter as vibrações positivas garantirá acessar seu eu superior e ter um canal claro para os anjos e ancestrais.

Armazenando suas Cartas

Não há requisitos específicos para armazenar seu baralho, a não ser mantê-lo em um lugar seguro e, de preferência, fora do alcance de outras pessoas, para que a energia das cartas possa ficar alinhada com a sua. Talvez você queira guardá-las em uma bela bolsa de veludo ou organza ou pode se contentar em deixá-las na embalagem que vieram. Sempre adorei ter bolsas feitas para as cartas que uso em minha coleção pessoal, isso facilita as coisas, especialmente se começar a levá-las em viagens. Além disso, a bolsa permite que você as junte a alguns cristais ou amuletos para que sua energia fique pura e protegida.

Limpando suas Cartas

Inevitavelmente, haverá momentos em que suas cartas serão expostas a energias mais densas, talvez por mau uso ou por uma leitura emocionalmente opressora sobre alguém que queremos bem. Se, por algum motivo, sentir que suas cartas precisam ser limpas, siga seus instintos. Você ficará feliz em saber que qualquer energia que pareça "densa ou negativa" pode ser neutralizada instantaneamente com oração e intenção. Gosto de usar um pouco de incenso ou sálvia para limpar minhas cartas, pois a fumaça pode ajudar a visualizá-las sendo limpas. Esta é uma sugestão de cerimônia de limpeza:

Limpando a Cerimônia

Pegando um bastão de sálvia, incenso, uma resina ou erva semelhante de sua escolha, defina a intenção interna de que está limpando a energia antiga ou negativa. Em seguida, acenda o incenso ou a sálvia e coloque em um prato à prova de fogo. Segure suas cartas acima, permitindo que fiquem totalmente imersas na fumaça sagrada. Imagine que ela está limpando todas as antigas energias ou vibrações que não são mais adequadas para você ou para os outros.

Então diga esta oração:

> *Guardiões dos quatro cantos, Mãe Terra, Pai Celestial, anjos e ancestrais, Com esta fumaça sagrada, eu limpo quaisquer energias negativas ou antigas que estiverem entre mim e minha grandeza.*
>
> *Sou grato por limpar estas cartas para que elas possam representar e honrar apenas a luz.*
>
> *Sou grato por beijá-las com sua sabedoria sagrada para que reflitam positivamente mensagens edificantes e precisas, mais uma vez.*
>
> *Sou grato! Sou grato! Sou grato! Assim é!*

Quando tiver concluído o exercício de limpeza, eu recomendo fortemente que refaça a cerimônia acima para que possa recarregar as cartas com a energia dos anjos e ancestrais.

Embaralhando as Cartas

Embaralhar bem seu baralho também limpa a energia e o prepara para uma leitura esclarecedora. Se acabou de pegar as cartas, defina a intenção de que elas estejam livres de qualquer influência para que você possa fazer uma leitura precisa.

Se você acabou de terminar uma sessão com alguém, embaralhe bem as cartas enquanto define a intenção de que está liberando a energia dessa pessoa.

Fazendo uma Leitura para Si

Para se familiarizar com as cartas e construir um relacionamento poderoso com elas, é bom fazer uma leitura. Você pode ter ouvido que isso não é permitido ou aconselhável, mas isso é um pensamento ultrapassado. Os sagrados de outros tempos sempre receberam mensagens e sinais pessoais do divino, e você pode fazer exatamente o mesmo com este oráculo. É sem dúvida absolutamente mais do que certo fazer uma leitura.

Veja como fazer:

- Embaralhe as cartas (ler tópico acima).
- Em sua mente ou em voz alta, o que for apropriado no momento, diga algo como: sou grato, anjos e ancestrais, por revelarem a mim, para o bem maior, o que eu preciso saber.
- Em seguida, escolha suas cartas. Coloque-as em uma pilha, em ordem, uma em cima da outra, de modo que, quando as pegar e virar de frente para si, a primeira carta que vê é a primeira carta na abertura (algumas aberturas serão compartilhadas em seguida).

Fazendo uma Leitura para Outra Pessoa

Ler para outra pessoa é quase exatamente o mesmo que para si. Se a pessoa estiver presente:

- Embaralhe as cartas para ela e espalhe-as em sua frente.
- Peça-lhe para impor as mãos sobre as cartas e agradeça os anjos e ancestrais. Se for uma pessoa tímida, pode dizer isso em seu lugar: sou grato, anjos e ancestrais, por revelarem a [nome da pessoa], através de mim, para o bem maior, o que ela precisa saber. Assim é. Peça-lhe para escolher as cartas e colocá-las em uma pilha, uma em cima da outra.

Se a pessoa não estiver presente, por exemplo, e você estiver fazendo uma leitura por telefone ou vídeo chamada para um ente querido, amigo ou cliente, você mesmo pode escolher as cartas pela pessoa, mas apenas se tiver sua permissão.

Sugestões de Aberturas

A Cruz Celta (Abertura de Duas Cartas)

Esta abertura de duas cartas é excelente para alguns insights rápidos se você estiver fazendo uma leitura premente ou para complementar outra terapia ou sessão que acabou de realizar. Costumo usar esta abertura para leituras em eventos corporativos, festas de inauguração, ou para mini-leituras com um grupo de amigos. Você pode usá-la para se concentrar em uma questão específica ou para uma resposta rápida para seus assuntos atuais.

1. A primeira carta representa a situação sobre a qual você está perguntando ou em que situação você está agora.

2. A segunda carta, que você coloca do outro lado, acima ou ao lado da primeira carta, representa o que você precisa saber ou fazer a respeito.

Quando faço essa abertura, leio as cartas individualmente e, em seguida, combino seus significados para obter informações e percepções.

A Bússola Celta

Esta abertura da Bússola Celta foi criada especialmente para o uso com as cartas do oráculo Anjos e Ancestrais, porque o baralho está cheio de detentores de sabedoria e mensageiros que serão capazes de lhe dar uma orientação profunda sobre sua energia neste momento. Com essa disseminação, olhe não apenas para as mensagens das cartas, mas também para os personagens arquetípicos, pois eles representarão aspectos de seus dons e talentos. Se você tirar qualquer uma das cartas de símbolo, saiba que elas são energias particulares que estão se manifestando através de você neste momento.

O que significam as cartas:

1. Centro: Espírito – você e sua energia
2. Norte: Terra – o que está ancorando você e fornecendo o foco neste momento
3. Leste: Ar – seus pensamentos e percepções atuais

Como usar o livro Anjos e Ancestrais

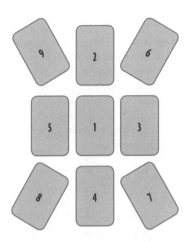

4. Sul: Fogo – seus desejos crescentes e necessidades primordiais
5. Oeste: Água – como você realmente se sente emocionalmente
6. Nordeste: o que precisa de atenção e ação
7. Sudeste: para onde direcionar sua energia e intenções
8. Sudoeste: o que você precisa para desapegar e deixar fluir
9. Noroeste: o resultado de sua vibração atual

Lições de Vida Passada

Esta abertura foi criada para ajudá-lo a entender todas as energias que você está mantendo de vidas passadas que podem ajudá-lo com as lições pelas quais está passando nesta vida. Como os sagrados e os outros personagens deste baralho são dos quatro cantos do mundo, eles também podem revelar aspectos de suas vidas anteriores ou dar a você uma ideia das nações ou tribos das quais você fez parte.

Saiba que não se trata de revelar traços negativos de vidas passadas, mas de se conectar com as bênçãos que têm acompanhado sua alma ao longo de suas vidas. No entanto, um desafio pode ser revelado de uma encarnação anterior presente ainda hoje. Esta leitura deve ajudá-lo a compreender e curar a causa essência.

Quando você descobrir as energias que teve em vidas passadas, reserve algum tempo para analisá-las. Você se lembra delas? Eles representam de fato você? Como você se sente em relação a elas agora? Isso o ajudará a aceitar as informações que estão chegando.

O que significam as cartas:

1. Identidade: que energia você teve em uma vida passada?
2. Particularidades: que dons você tinha naquela época e que tem agora?
3. Desafio: qual foi o seu maior desafio no passado (talvez o de agora)?
4. Revelação: que carma precisa ser desfeito?
5. Ajuda: que energia o apoiará?
6. Ascensão: como isso o ajudará a crescer?
7. Transição: que energia você está se conectando como resultado dessas lições?

Abertura de Três Cartas

Suas cartas do oráculo Anjos e Ancestrais também podem revelar informações importantes sobre uma dúvida que você tem ou um problema que está resolvendo. As aberturas de cartas podem ser usadas para obter insights imediatos e você também pode querer anotar o resultado em seu diário e refletir sobre seus significados e mensagens ao longo do tempo.

Aqui estão algumas perguntas sugeridas para uma abertura de três cartas:

- "O que preciso saber ou fazer para ter um relacionamento amoroso mais equilibrado?"
- "O que preciso saber para crescer em minha carreira?"
- "Como posso contribuir com o mundo?"
- "O que eu preciso trabalhar internamente para crescer espiritualmente?"
- "O que posso fazer internamente para criar mais abundância financeira?"
- "Existe alguma coisa que eu precise saber ou fazer para obter cura em minha vida?"

1. Força: os pontos fortes e os dons que você tem nesta situação
2. Coração: o que seu coração deseja que você saiba sobre esta situação
3. Desafio: o que você precisa curar ou trabalhar para crescer

Abertura de Uma Carta

Aqui estão algumas perguntas sugeridas para uma leitura muito focada de uma única carta:

- "Com que energia devo me conectar hoje para ser a melhor versão de mim mesmo?"
- "Qual energia representa melhor uma força ou dom que tenho neste momento?"
- "Qual é a minha orientação para hoje?"
- "O que precisa de minha energia e atenção hoje?"

Cartas Saltadoras

Quando você embaralha as cartas, pode ser que algumas delas "pulem para fora do convés". Isso é superdivertido e funciona como um pequeno lembrete de que você não está nessa experiência sozinho. Gosto de pensar que quando buscamos um oráculo para orientação, nossos anjos, ancestrais e guias se reúnem ao nosso redor e mantêm o espaço para que possamos crescer.

Se uma ou duas cartas saltarem quando você estiver embaralhando, coloque-as de lado e permita que adicionem informações ou orientações à leitura. Se metade do pacote cair, mas apenas uma ou duas cartas ficarem voltadas para cima, considere-as saltadoras. Se várias estiverem voltadas para cima, basta colocar todas de volta e escolher suas cartas normalmente.

Cartas Invertidas

Em algum momento, você provavelmente descobrirá que uma carta está invertida ao virá-la. Quando isso acontecer, não se preocupe. Muitas pessoas ficam preocupadas com as cartas invertidas, provavelmente por causa de algumas superstições em torno do tarô, mas eu gosto de pensar nelas como cartas gritando para que prestemos atenção nelas. Anjos e ancestrais estão pedindo que olhe atentamente para a carta invertida, pois você pode ter um bloqueio com as energias conectadas a ela. Um bloqueio com uma energia não é algo para se envergonhar, na verdade, receber essa informação irá apoiá-lo em seu crescimento. Tais sessões não apenas revelam seus dons, mas também mostram como você pode transcender seus desafios (todos nós os temos).

Quando estou fazendo uma leitura, prefiro ter todo o meu baralho na vertical, mas de vez em quando alguém colocará uma carta de cabeça para baixo, e isso adicionará ênfase à leitura. Você pode, no entanto, misturar as cartas, por exemplo, colocando-as todas viradas para baixo e movendo-as com as mãos para que algumas estejam verticais e outras invertidas. Isso pode adicionar ainda mais profundidade à leitura, mas na verdade depende de sua preferência.

Aprecie a Experiência!

Trabalhar com seu baralho é uma oportunidade empolgante. Claro, aproximar-se do divino em busca de orientação é um assunto sério, mas este baralho foi criado para ajudá-lo em seu caminho para a felicidade, então aproveite. Se algo o desafiar, tente não ficar muito preso a isso ou criar um infeliz resultado em sua mente. Pense no baralho como um bando de amigos honestos, amorosos e atenciosos que querem o melhor para você.

Os Sagrados

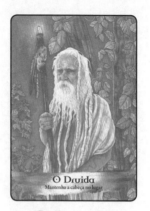

O Druida
Mantenha a cabeça no lugar

Mensagem

Seja ponderado, não faça movimentos precipitados ou mudanças. Mantenha-se firme, sabendo que está onde deveria estar.

Significado

Os druidas eram os antigos sábios das Ilhas Britânicas, com profunda conexão com a Terra, o Sol e a Lua. Eles foram os estudiosos que criaram o alfabeto Ogham e eram conhecidos por suas habilidades criativas em poesia, artesanato e por contar histórias.

Mensagem Detalhada

Quando a carta O Druida aparecer em uma leitura, você estará sendo guiado a se esforçar para se manter equilibrado. Se estiver se perguntando o que fazer a seguir ou ficar ansioso sobre acontecimentos em sua vida, é hora de mudar suas percepções e voltar a um estado de confiança. Não mude seus planos ou faça algo drástico, apenas confie no processo e deixe tudo acontecer como deve antes de tomar qualquer decisão. Pense em uma árvore: ela tem raízes fortes, mas continua a crescer e a dar frutos. Sua vida será um reflexo disso.

O Ancião
Vá além dos padrões ancestrais

Mensagem

Vá além das limitações que foram estabelecidas para você por membros da família no passado e no presente. Saiba que a energia do seu espírito é mais poderosa do que a genética e os padrões de comportamento.

Significado

O povo aborígene é o povo tribal mais antigo ainda vivo no planeta. Sua cultura de caçadores-coletores e espiritualidade ancestral está enraizada na tradição e no equilíbrio com a Terra. Portanto, os ancestrais aborígenes estão oferecendo a você não apenas sabedoria que o ajudará a se curar e se adaptar ao planeta em constante mudança, mas também uma compreensão do que deve ser uma vida espiritual.

Mensagem Detalhada

O Ancião é o ancestral que vem com uma mensagem de mudança para cura. Ele é uma alma encarnada, mas teve jornadas que vão além do físico e, portanto, representa uma reinvindicação de poder. Quando ele aparecer, será um reconhecimento de que você tem a capacidade de ir além das limitações que foram colocadas sobre você.

Se expectativas de sucesso, fracasso, tristeza ou mesmo doença foram colocadas em você por sua família, é importante saber que você está aqui para criar sua própria história.

Esta carta representa a cura pessoal que irá curar toda a linhagem de sua família, seja no passado, no presente ou no futuro. Saiba que você tem que decidir o que fazer e também que seus antepassados estão torcendo por seu sucesso e lamentam qualquer contratempo que tenham criado.

O Pai Celestial
Confie no desconhecido

Mensagem

Confie que seu caminho está se desenrolando exatamente como precisa. Você tem um relacionamento pessoal com o Grande Pai. Saiba que ele o está guiando com amor.

Significado

O Pai Celestial aparece em muitas religiões e mitologias como o Deus Pai. Ele é a contraparte da Mãe Terra em muitas tradições. Portanto, esta carta representa os poderes universais que são essencialmente masculinos, as energias que as pessoas invocam e buscam em tempos de necessidade e gratidão. O Pai Celestial personifica seu relacionamento com as energias masculinas do divino e, possivelmente, uma figura masculina ou paterna muito poderosa também.

Mensagem Detalhada

Você é um co-criador de sua vida, e cada pensamento, sentimento, intenção e emoção que tem está criando o caminho à frente. Com isso dito, não é necessário saber todos os detalhes do que vai acontecer diante de si.

Quando esta carta aparecer, você estará sendo guiado a recuar e sair do seu próprio caminho, porque há um poder maior que não está apenas ao seu redor, mas dentro de você, e o Pai Celestial está criando a melhor experiência imaginável.

Aceitar isso permitirá que uma energia milagrosa entre em sua vida. Portanto, veja as coisas de uma perspectiva mais elevada, como a águia na carta.

Esta carta também pode aparecer quando houver oportunidades de melhorar a conexão com seu pai. Se a figura de seu pai estiver no céu, saiba que seu espírito está se aproximando. Se ele estiver na Terra, há uma oportunidade de curar algo, seja passado ou presente.

O Grande Mestre
Aprenda com as experiências espirituais

Mensagem

Saiba que o que está acontecendo ao seu redor é inspirado divinamente. Aprenda com suas experiências atuais e compartilhe-as com outras pessoas.

Significado

Esta carta foi inspirada por Jesus, que é um dos mestres espirituais mais amplamente reconhecidos e amados de todos os tempos, mas há um Grande Mestre em cada tradição, e esta carta representa aquele de quem se sente mais próximo, bem como o Grande Mestre que existe dentro de você. O Mestre usa vestes simples para demonstrar que mesmo que se viva uma vida comum, ela pode ser incrivelmente espiritual. Ele está cercado por uma sensação de serenidade e harmonia porque tem confiança absoluta no poder superior que se move através dele, e a pomba na carta representa as respostas às orações por meio de sinais e a paz por meio da alegria.

Mensagem Detalhada

Esta carta pode representar um professor em sua vida ou seu Grande Mestre interior. De qualquer forma, isso mostra que você dedicou muito tempo, esforço e energia para compreender a si mesmo e o mundo. Você está tendo experiências espirituais neste momento e ganhando maior consciência do que precisa fazer para crescer. Há uma grande chance de que, se você tem enfrentado algum desafio recentemente, os tenha superado e permitido que sejam veículos para lições que estão auxiliando sua conexão espiritual.

Caso tenha pensado que recebeu mensagens do céu ou do universo recentemente, esta carta é a confirmação de que essas realmente foram experiências sagradas.

O Eremita
Recue e recarregue-se

Mensagem

Reserve um tempo para descansar e se recuperar para continuar seu crescimento. Beneficie-se das informações que virão diretamente do seu coração.

Significado

A carta do Eremita é uma carta de solidão e meditação. Representa a sua capacidade de chegar e entrar na caverna do seu coração. Muitas das respostas para seus problemas estão dentro de você e, se não reservar um tempo para se conectar consigo e se sentir confortável sozinho, não será capaz de ouvir as mensagens que estão surgindo dentro de si. A posição de meditação de pernas cruzadas do Sadhu , habitante da caverna na carta, é um convite para aproveitar o poder de sua prática de meditação. O símbolo do Sri Yantra atrás dele representa a união das energias masculina e feminina, associado ao Deus Pai-Mãe.

Mensagem Detalhada

Você tem trabalhado muito e se dedicado totalmente à sua situação atual e isso pode se tornar exaustivo e prejudicial ao seu desenvolvimento, a menos que recue e recarregue suas energias. Portanto, você está sendo orientado a dar um passo para trás neste momento.

Se estiver trabalhando para juntar algo, seu envolvimento excessivo pode impedir o processo, então recue e respire. Se tiver algo a dizer ou fazer que possa ter um impacto maior em sua vida, passe algum tempo pensando profundamente, até mesmo contemplando, antes de seguir em frente. Muitas vezes, quando fazemos algo na pressa, não vemos o quão destrutivas nossas ações podem ser. Sendo assim, medite e ouça a sabedoria da sua alma antes de prosseguir.

O Sumo Sacerdote
Manifeste sua intenção e crie

Mensagem

Reconheça que você tem o poder de mudar sua vida. Enfrente seus medos e alinhe-se com a luz!

Significado

Em muitas tradições, o Sumo Sacerdote é a personificação física do masculino divino. Ele atua como uma ponte entre os mundos e é capaz não apenas de adivinhar o futuro, mas também de ajudar a criá-lo.

Ele pode ser um líder em sua tradição espiritual ou, nas tradições pagãs, estar hierarquicamente abaixo da Suma Sacerdotisa, porém está sempre espiritualmente conectado e disciplinado, com grande respeito por seu Criador e sua prática particular.

Em uma leitura, esta carta pode representar uma figura espiritual, um líder, um professor em sua vida ou um aspecto de seu caminho que o levou até onde você está hoje.

Mensagem Detalhada

Você é uma ponte entre o céu e a Terra e é importante que saiba que é mais poderoso e conectado do que possa imaginar. Tudo o que está dando atenção e energia neste momento está criando seu caminho a seguir. Houve alguns contratempos, mas aceite-os como experiências que o levaram a uma compreensão mais profunda de si mesmo e do seu espírito.

Saiba que você está sendo guiado pelos ancestrais para direcionar seus pensamentos e energias para o que você deseja crescer, curar e expandir, e então observe isso acontecer, bem diante de seus olhos.

A Suma Sacerdotisa
Desfrute do poder místico

Mensagem

Alinhe-se com a luz e foque em todas as coisas positivas.

Significado

A Suma Sacerdotisa é a personificação física do divino feminino, a Deusa em forma humana. Ela teve muitos nomes no tempo e no espaço, mas sua essência permaneceu semelhante: feroz, poderosa e disciplinada.

A Suma Sacerdotisa

Em muitas tradições, especialmente pré-cristãs, a Suma Sacerdotisa era responsável pelas ordens espirituais e religiosas e era a voz de autoridade e orientação dos deuses. A Suma Sacerdotisa neste baralho é a consorte e parceira do Sumo Sacerdote (se observá-los juntos, verá que refletem a energia um do outro). Ela é acompanhada por um gato preto, representando a deusa egípcia Bast, que a protege de energias densas, e permanece forte em sua glória e poder.

Mensagem Detalhada

Você é um místico com a capacidade de se conectar com energias que vão além dos sentidos humanos. Dentro de você está uma força mágica que é dirigida por sua vontade. Existe uma oportunidade para ascender neste momento, mas isso requer dedicação e disciplina. Você está sendo orientado a observar aquilo que está se empenhando ou a situação diante de si e determinar onde estão suas prioridades.

Se não for capaz de descobrir isso, deve usar sua intuição e discernimento para se concentrar no que o fará chegar mais perto de seu objetivo e da felicidade de todos os envolvidos. Quando esta carta chegar, também é importante que examine sua intuição, pois ela lhe dará orientações que serão importantes para o seu crescimento.

☉ Caçador
Detecte seus medos e desejos

Mensagem

Detecte todos os seus pensamentos e sentimentos relacionados ao medo. Ao enfrentá-los, você irá ao encontro de seus desejos.

Significado

A carta O Caçador é baseada no meu deus celta favorito, Cernunnos. Ele é o deus cornífero selvagem e representa tanto a caça quanto o caçador. Da mesma forma, ele facilita a conexão com uma energia tanto amedrontadora quanto destemida. Seus medos são a única coisa que está separando você daquilo que almeja, por isso deve encará-los de frente, como o Caçador faz com os animais selvagens, e superá-los.

Mensagem Detalhada

Em vez de ser perseguido por seus medos ou outros sentimentos que deixou de lado, torne-se O Caçador. Você está recebendo confiança e força neste momento, então use seu poder para fazer a diferença. Você não está aqui para se esconder ou viver nas sombras, mas, sim, para utilizar todo o seu potencial, mas isso só irá ocorrer quando fizer o que precisa ser feito. Quando esta carta surgir, pode haver uma oportunidade de enfrentar um aspecto do seu passado ou encerrar uma situação que o tem assombrado.

Se você é homem ou se identifica como homem, esta carta representa a sua masculinidade e uma oportunidade de se conhecer mais profundamente.

Se você é mulher ou se identifica como mulher, esta carta representa sua capacidade de ser forte e poderosa e de superar limitações.

O Cavaleiro
Seja corajoso e honesto

Mensagem

Faça a coisa certa, mesmo que não seja a opção mais fácil. Defenda o que você julga ser correto e verdadeiro.

Significado

O Cavaleiro é um homem de armadura brilhante, dedicado à coroa que sua espada defende. Nesse sentido, ele é um protetor do Santo Graal e, portanto, do crescimento e da expansão espiritual. Ele representa o guerreiro em você, seja homem ou mulher. Sua espada e armadura mostram que ele é corajoso e forte, mas se olhar de perto verá que ele tem uma lágrima escorrendo pelo rosto, mostrando sua disposição de ser vulnerável e seu amor pelo que protege.

Mensagem Detalhada

A energia do respeito é importante agora. Você está sendo encorajado a descobrir o que é importante e pelo que você luta. Se estiver em um espaço onde houver oposição, você estará sendo orientado a seguir em frente com integridade, porque, mesmo que pareça que isso irá retardar seu progresso, suas recompensas serão muito mais abundantes, sendo cercado por uma luz de bravura para ajudá-lo.

Esta carta também traz justiça. Caso anseie por isso, saiba que as energias universais estão trabalhando para trazer tudo de volta à ordem e que não é preciso forçar nada com sua vontade. Se você cometeu algum erro recentemente, é importante contorná-lo para que possa se alinhar com a melhoria da situação. Se estiver sentindo a necessidade de defender seu caminho espiritual neste momento, recue e deixe-o protegê-lo.

A Dama

Aprecie o crescimento e colha as recompensas

Mensagem

Colha o que plantou e aproveite os frutos do seu trabalho. Cresça e expanda em todas as áreas de sua vida.

Significado

A Dama, conhecida como A Imperatriz no tarô tradicional, é a representação da Deusa em sua forma mais fértil. Ela é um ser abundante, generoso e criativo e está intimamente ligada à natureza por ser sua prole.

Ela representa a energia materna e tem amor mais do que suficiente para dar a todos que precisam de cuidados. No entanto, também é uma representação da deusa Vênus e anseia por um rico relacionamento com sua contraparte, o Lorde. Nesta carta, ela segura uma maçã com sementes formando um pentagrama perfeito que, no paganismo, representa os cinco elementos da vida.

Mensagem Detalhada

Fertilidade, crescimento e abundância são iminentes quando a Dama chega em sua vida. Todas as sementes que você plantou estão brotando e há muitas outras recompensas por vir.

Em um sentido material, esta carta pode representar segurança financeira e conforto e haverá mais do que suficiente para todos. Se você estiver fazendo negócios ou definindo intenções para gerar crescimento financeiro, esta carta indica uma quantidade considerável de sucesso monetário.

A Dama também pode inaugurar outras formas de abundância, como oportunidades, propostas de casamento e até mesmo o nascimento de um filho. Ela o ajudará a respeitar a natureza e se conectar com suas forças para ter uma jornada genuinamente sustentada pela vida.

O Lorde
Assuma o controle com autoridade

Mensagem

Não tenha medo de assumir o controle ou usar sua voz. Seja forte.

Significado

O Lorde é o consorte da Dama, O Imperador no tarô tradicional. Ele representa um homem autoritário que não tem medo de estabelecer a lei. Mas isso não significa que ele esteja com raiva ou seja machista. Ele é dono de si, confiável e ambicioso, um homem de honra que conquistou seu lugar na sociedade.

O Lorde neste oráculo segura um cajado e usa uma coroa de chifres, mostrando que ele se mantém firmemente enraizado e é protetor de seu povo. Seu ar régio indica que ele tem um gosto pelas coisas boas da vida, mas é sensível àqueles que são menos afortunados do que ele.

Mensagem Detalhada

Às vezes, você precisa assumir o controle para manter sua honra. Se você notar que sua gentileza ou boa vontade não estão sendo valorizados, é hora de mudar isso. Não há desculpa para esse mau comportamento e os ancestrais estão o encorajando a se manter firme e falar o que pensa de uma forma ferozmente amorosa. Você tem a energia e o poder de superar dramas ou energias que não estão funcionando para o seu crescimento, e é hora de assumir o controle antes de se encontrar em uma situação na qual não quer estar. Você está sendo encorajado a ser o chefe em vez de ser o subordinado.

Esta carta também traz a energia da ambição e pode mostrar que você tem potencial para crescer em um nível profissional, mas apenas se agir com autoridade e mostrar quem realmente é.

A Mãe Curandeira
Honre seu Conhecimento Interior

Mensagem

Tome uma atitude. Faça o que você sabe que precisa fazer.

Significado

"Mães sempre têm razão", é o que dizem, e é verdade. Todos nós conhecemos uma figura materna que é extremamente intuitiva e perspicaz, e esta Mãe Curandeira passou por muitos altos e baixos, com perdas e ganhos.

A Mãe Curandeira

Ela sabe o que é sofrer e querer desistir. Portanto, a cura desta carta é compreender que não há problema em errar às vezes, e não há problema no fato de as coisas terem um encerramento. Isso não é o fim do mundo, é apenas o fim de um capítulo e o início de algo novo. A Mãe Curandeira o lembra de que mesmo que tenha momentos ruins você não está aqui para sofrer, mas, sim, para ser apoiado mutuamente pelos outros. Permita que ela lhe dê o encorajamento amoroso necessário para que você dê o próximo passo.

Mensagem Detalhada

Há um antigo padrão surgindo em você agora e é hora de lidar com isso liberando-o para sempre. Você está sendo incentivado a se amar e se respeitar o suficiente para dar os passos que sabe que precisa para chegar mais perto de onde gostaria de estar. Você já sabe as respostas e sabe o que precisa fazer.

Você pode ter usado táticas para retardar o processo ou mesmo se conter, mas agora está sendo orientado a agir. A ação requer coragem, mas seus anjos e guias estão lhe dando força para seguir em frente.

Dê apenas um passo. Quando fizer isso, o próximo será apresentado a você.

Mãe Terra

Sinta-se amado e confortado

Mensagem

Permita-se ser amado. A Mãe Terra está protegendo você com um escudo de amor e luz.

Significado

A Mãe Terra é a contraparte feminina do Pai Celestial. É auspicioso receber esta carta porque, aos olhos e coração da Mãe Terra, você é seu filho e, sendo altamente protetora com sua prole, ela lhe dará tudo que precisa para crescer e expandir.

A Mãe Terra está coberta apenas por folhas nesta carta, mostrando a vulnerabilidade da Terra. Todos os dias ela enfrenta desafios aos quais precisa se adaptar e superar. Sua energia, representada pelo símbolo atrás dela da Deusa Tríplice — Donzela, Mãe e Anciã — poderá ajudá-lo a se adaptar conforme mudanças de vida acontecem em seu caminho.

Mensagem Detalhada

Você pode ter se sentido sobrecarregado ou instável emocionalmente recentemente, mas agora está voltando ao seu estado natural e isso o levará a um lugar de clareza e abertura. Se você se sentiu desamparado, saiba que a Mãe Terra está aqui para enraizá-lo e ajudá-lo a recuperar seu senso de força. Pode ser que não se sinta como uma criança, mas, aos olhos do divino, você é um filho da luz e é importante que saiba disso e se sinta amado.

Se você enfrentou desafios com sua mãe ou com o fato de ser mãe, saiba que as energias de cura materna estão com você para ajudar a limpar quaisquer bloqueios ancestrais que o estão impedindo de fazer esta sagrada conexão de amor. Você está sendo guiado a fazer escolhas baseadas no amor.

O Oráculo
Aguarde uma informação importante

Mensagem

Esteja aberto e receptivo às informações. Reúna os fatos para que possa tomar uma decisão que esteja de acordo com sua integridade.

Significado

O Oráculo é o "ampliador de percepções" e o mais sincero ancestral deste baralho, aquele que fará o papel de namorada franca, alguém que lhe dirá exatamente o que precisa ouvir para seguir em frente. Neste baralho, esta personagem é uma reminiscência do Oráculo de Delfos, uma sacerdotisa paranormal da Grécia antiga capaz de captar informações e fazer previsões. Ela segura uma tigela com uma fumaça sagrada saindo dela, trazendo a mensagem de ver além e reunir informações a fim de fazer uma avaliação precisa de sua situação atual.

Mensagem Detalhada

Anjos, ancestrais e o universo estão falando com você neste momento. Portanto, fique atento a conversas importantes, sinais e mensagens que o levarão na direção certa. Você está sendo orientado a esperar por mais informações antes de fazer qualquer movimento, porque no momento você está permitindo que seus desejos atrapalhem suas necessidades.

Há uma oportunidade para você ver tudo claramente neste momento, mas somente será capaz de fazer isso se estiver realmente disposto a abrir os olhos.

Se você estiver esperando por mais informações sobre uma escolha que tem que fazer, ou atitude a ser tomada, não se precipite e deixe que o destino seja revelado. Então você saberá o que fazer a seguir. Os anjos o estão apoiando. Confie neles.

A Pacificadora
Abandone a necessidade de estar certo

Mensagem

Escolha a paz e a felicidade em vez da necessidade de estar certo. Não fique apenas tentando provar um ponto, guarde sua energia para o que é importante.

Significado

A Pacificadora é uma sábia mulher nativa americana que foi influenciada pela Mulher Búfalo Branca. Ela segura um cachimbo da paz, que simboliza a renúncia à necessidade de lutar e a oferta da harmonia em seu lugar. Ela é uma alma que sabe o que é sentir-se ameaçada ao defender aquilo em que acredita e o que é certo. Sua cura o ajuda a tomar a melhor decisão em todas as situações, mesmo se estiver sob pressão, trata-se de um lembrete de que em suas mãos está o poder de fazer a escolha certa para todos os envolvidos.

Mensagem Detalhada

Você pode estar se sentindo no limite devido a uma situação estressante. Há um guerreiro dentro de você que quer lutar, provar seu ponto e trazer a verdade, mas você está sendo lembrado pela sabedoria ancestral de que a verdade sempre será revelada no final. É mais importante neste momento evitar desentendimentos ou discussões acaloradas nas quais você sabe que estará lutando uma batalha perdida.

É muito louvável escolher prosseguir de uma perspectiva mais elevada. Isso permitirá que você se conecte profundamente à orientação interior e à intuição que o levará à cura de toda a situação, junto com quaisquer feridas que ela possa ter infligido a você. Escolha a paz, você sabe que ela está chamando você.

☉ Sábio
Seja devotado e comprometido

Mensagem

Esteja disposto a percorrer todo o caminho e refazê-lo. Isso fará de você uma pessoa melhor.

Significado

A carta O Sábio representa o sábio interior. Quando ela aparecer, mostra que você está se preparando para se tornar um professor grande e perspicaz para seus colegas. Ele o orienta a fazer anotações, como o iogue errante está fazendo nesta carta, porque seu conhecimento e experiências de vida podem transmitir insights incríveis para aqueles com quem você entra em contato.

Esta carta também é sobre observação e tornar-se mais consciente de quem você é e de todo o seu funcionamento interno, porque essa consciência pode trazer mais clareza às suas decisões.

Mensagem Detalhada

A devoção é uma energia poderosa. Agora mesmo, os anjos e ancestrais querem reconhecer o quanto você está comprometido com o seu crescimento. Sua dedicação contínua a esse aspecto de sua vida foi reconhecido, e sua compreensão de que não é apenas um corpo, mas também uma alma, é tudo de que você precisa para continuar crescendo e se expandindo.

A energia da unicidade está se oferecendo a você agora e é importante que dedique algum tempo para integrar tudo, de modo que possa ser apoiado e guiado por ela. Isso é o que o divino deseja para você. Anote as experiências ou os professores que se apresentarem a você neste momento, porque um dia você também vai compartilhar esses ensinamentos.

A Vidente
Veja além de sua situação atual

Mensagem

Olhe além de sua situação atual. Eleve sua vibração e concentre-se no amor.

Significado

A maioria dos povos indígenas tem um vidente na família ou tribo. Os videntes são seres inteligentes e intuitivos que servem como canais diretos para obter informações sobre o que está acontecendo agora e o que está para acontecer. A energia deles não é sobre prever o futuro para você, mas mostrar como suas intenções o estão criando. Um verdadeiro vidente o ajudará a ver que suas intenções podem mudar, portanto, seu futuro também pode. A mensagem desta carta é deixar o clarividente dentro de você se elevar para que você possa ver o caminho a seguir, com seus olhos espirituais.

Mensagem Detalhada

A clarividência não se trata apenas de prever o futuro, é sobre ser capaz de ver com clareza o suficiente para criar o seu melhor destino. Você está sendo encorajado por seus guias e anjos ancestrais a ver além do que você pensa que está acontecendo agora.

Não permita que seu ego ou dúvidas joguem com você. Em vez de se ver como preso ou perdido, saiba que você está em um espaço de retenção energético enquanto o universo recalibra um caminho que é mais favorável para você.

Anjos de luz estão atualizando sua energia para que suas experiências sejam mais agradáveis. Você está se movendo em direção a algo extremamente edificante e esclarecedor, então fique calmo e mantenha seus olhos no prêmio.

☉ Xamã
Confie em forças superiores

Mensagem

Confie em seus anjos, guias e ancestrais. Se você entregou seu poder, reivindique-o de volta.

Significado

Nos planos internos, todos os xamãs de tempos passados estão ajudando a raça humana a compreender as complexidades da vida e as necessidades da Mãe Terra. Muitos estão trabalhando como guias espirituais para trabalhadores e guerreiros da luz. A carta O Xamã traz a energia de seus guias xamãs até você.

Os xamãs acreditavam que quando havia doença ou enfermidade, era porque o poder de uma pessoa havia sido deixado para trás em algum lugar ou um padrão negativo havia se instalado nela. Em transe, eles viajariam para o submundo para relembrar esse poder e remover o "demônio". Se esta carta vier até você, é porque você precisa fazer algum trabalho de liberação de energias mais densas ou lidar com sua falta de confiança nas energias espirituais que o estão guiando. O Xamã o ajudará em sua busca.

Mensagem Detalhada

Existem aliados espirituais trabalhando a seu favor e seus milagres acontecerão com muito mais facilidade quando você entrar em um estado de confiança. Portanto, chame de volta o seu poder e pare de permitir que forças externas o desviem dos milagres que merece. Transmita todas as suas preocupações aos seus aliados espirituais. Ao fazer isso, você permite que eles enviem orientações intuitivas e mensagens que permitirão que corrija esta situação e saia por cima. A carta O Xamã também mostra que você tem potencial xamânico para se mover entre os reinos e se conectar com seus guias em uma forma extremamente pessoal.

O Mestre Shaolin
Seja gracioso em seus movimentos e ações

Mensagem

Devagar e sempre. Respire e flua. Seja mais ponderado.

Significado

O Mestre Shaolin chama o ninja dentro de você. A cura do Shaolin consiste em aprender a se adaptar a uma situação, a aproveitar a energia que percorre seu corpo e preservá-la para liberá-la no momento certo. Também ensina sutileza, porque quando alguém é muito forte, usa muita energia, e isso pode ir de encontro àquilo que você está trabalhando.

O Mestre Shaolin, como um monge, tem respeito por todas as coisas. Ele é disciplinado e guiado por sua arte e nunca a usará para impressionar os tolos ou parecer mais forte do que alguém que o está ameaçando. Você também está sendo convidado a permanecer gracioso em seus movimentos, escolhas e ações.

Mensagem Detalhada

Você está sendo guiado para fluir como a água, soprar como o ar e se conectar com suas intenções mais puras. Não sinta que precisa se apressar. Uma abordagem mais gentil será mais frutífera e recompensadora. Mova-se com sutileza e graça. Alcance objetivos, mas também pergunte a si mesmo como pode se mover com o fluxo da vida em vez de ir contra ele. Você tem a capacidade de redirecionar seu olhar neste momento? Consegue desacelerar? Ou gasta mais tempo para se acalmar e respirar enquanto avança? Tudo isso será extremamente benéfico para o que acontecerá a seguir.

O Metamorfo
Transforme-se e revele seus dons

Mensagem

Tome seu tempo e concentre-se em desenvolver seus dons e pontos fortes.

Significado

Nas tradições xamânicas, um metamorfo é um animal que tem a capacidade de mudar de espécie ou um xamã que tem a capacidade de se transformar em um animal para viajar. Caso haja um animal selvagem pelo qual você é particularmente atraído ou fascinado, provavelmente é porque pode se transformar em um em sua meditação ou prática para explorar outros mundos. Quando você muda para a forma animal, pode ver o mundo através de diferentes olhos e explorar as habilidades de sobrevivência do animal para se ajudar em uma situação particular.

Mensagem Detalhada

Você pode ter passado por muitos desafios e adversidades, mas agora está em um espaço de transformação. Você está indo além dos desafios do passado, aprimorando seus pontos fortes atuais. Existem oportunidades para descobrir e redescobrir os dons e talentos com os quais nasceu e para compartilhar. Todas as suas experiências anteriores apenas o ajudaram a ver o quão forte realmente é. Você é uma alma incrível que pode mudar e se transformar de maneiras que as pessoas menos esperam. Tem muitos talentos que compartilhará em sua vida e está sendo conduzido a permanecer focado na luz, sabendo que ela o guiará adiante.

Quando esta carta chegar, você também terá a oportunidade de explorar o poder do seu animal espiritual. Observe se está vendo um determinado animal regularmente, porque a cura está vindo para você.

A Loba
Liberte sua natureza selvagem

Mensagem

Deixe seu lado selvagem aflorar! Liberte seus talentos e desejos.

Significado

A Loba é uma poderosa alma xamânica que é metade loba e metade mulher. Ela é a fêmea alfa que não tem medo de se destacar na multidão ou, neste caso, no bando. Ela é selvagem, sem filtros ou restrições e o incentiva a não ficar preso pelos fatores limitantes dos membros mais fracos da matilha ou daqueles que estão tentando caçá-lo porque você tem dons que eles não gostam ou entendem. Ela representa a energia do deserto e do desconhecido, e o encoraja a ser livre e liberto e ir além dos limites. Libere a energia animal interior e rastreie o que você precisa fazer para expressar seu verdadeiro eu.

Mensagem Detalhada

Você está sendo reconquistado neste momento, guiado para se reconectar com o seu coração rebelde, a parte sua que gosta de ultrapassar barreiras e ir além. Se você tem reprimido suas esperanças ou sonhos, está sendo encorajado a persegui-los agora. Deixe a energia do lobo dentro de si ajudá-lo a rastrear em que direção deseja ir, e não deixe nenhuma armadilha ou caçador atrapalhar sua liberdade ou crescimento. A vida que você quer está aqui!

A Donzela Escudeira
Faça planos e concentre-se

Mensagem

Tenha um plano ou estratégia antes de seguir em frente.

Significado

A Donzela Escudeira é a cavaleira de armadura brilhante. Nas tradições vikings, as mulheres eram vistas como iguais aos homens, juntando-se a eles em seus ataques, lutando com eles no campo de batalha. Neste baralho, a Donzela Escudeira traz uma energia ferozmente feminina, o poder de ser um guerreiro, mantendo a sensibilidade de sua essência. Ela está pronta para colocar seu plano em ação, para ir à batalha. Sua cura nos ajuda a ir além de qualquer sentimento de incerteza quando nossos planos começam a tomar forma seguindo nossas estratégias para estar onde queremos estar. Donzelas Escudeiras trabalharam juntas em tempos passados para criar paredes de escudo de proteção, então ela também nos mostra como trabalhar com outras pessoas a fim de trazer nossos planos para fruição.

Mensagem Detalhada

Dedique algum tempo para avaliar quais serão seus próximos passos. Todos os grandes guerreiros têm um plano. Você é um ser sensível e, se não estiver preparado para as tarefas que está assumindo, pode acabar se sentindo exposto e desamparado. A orientação do ancestral que está vindo para você agora é um lembrete de que tem um coração de guerreiro dentro de si para estar mais preparado e focado do que tem estado recentemente. Portanto, tenha uma estratégia definida e deixe seus guias apoiá-lo enquanto segue em frente.

O Espírito Vulpino

Confie nos seus talentos em
tempos de mudança

Mensagem

Fique alerta, pois a mudança está no ar.

Significado

O Espírito Vulpino é representado pelo meu animal favorito, a raposa vermelha, uma criatura incrivelmente resistente capaz de sobreviver em ambientes urbanos ou nas gélidas temperaturas do Ártico. As raposas sabem o que é ser caçadas, pois, durante séculos, foram procuradas por seu pelo precioso quando tudo o que queriam é sobreviver, então O Espírito Vulpino pode ajudá-lo a superar as energias da adversidade e do tratamento injusto. Além disso, como as raposas urbanas se escondem nas cidades e saem para caçar nas horas mais escuras, a Raposa oferece a cura para adequar ao meio.

Mensagem Detalhada

As energias ao seu redor estão mudando neste momento e, embora nem sempre seja confortável, você está equipado com tudo de que precisa para sobreviver a esta mudança.

Estão sendo apresentadas a você oportunidades de alcançar lugares jamais imaginados, e isso pode fazer você se sentir nervoso, mas esteja aberto para as mudanças que ocorrem, porque elas realmente são as respostas às suas orações. A experiência de ser caçado ou ameaçado já passou e você está sendo convidado a sair de sua toca e revelar sua glória e talentos. Recorra à cura do Espírito Vulpino para ajudá-lo a ser visto como você é e confiar em seus talentos para ser o melhor possível nestes tempos de mudança.

A Estrela Ancestral
Siga a voz da sua alma

Mensagem

Preste atenção às mensagens que vêm diretamente de sua alma.

Significado

"Os Seres Estelares" são seres de luz extraterrestres que se dedicam à cura e ao crescimento do mundo. Esses seres incríveis são encarnações divinas de amor que trazem sabedoria dos reinos mais elevados. Frequentemente, as pessoas têm uma sensação de conexão quando olham para o céu noturno e veem as estrelas. Eu acredito que é porque elas estão se lembrando de suas conexões estreladas, e é isso o que esta carta representa.

A Estrela Ancestral o está lembrando de que você tem apoio de outro mundo e que seus amigos das estrelas podem ajudá-lo se estiver disposto a ser ajudado. Eles podem ajudá-lo a se conectar e seguir o chamado mais profundo da sua alma.

Mensagem Detalhada

Há um significado mais profundo em sua jornada humana. Você não apenas nasceu de propósito, mas para um propósito. Nasceu para ser uma luz brilhante no mundo e existem apoiadores lá fora, no universo, enviando ondas de energia para guiá-lo neste momento.

As informações e a inspiração que têm vindo em sua direção recentemente não são novas, mas tratam-se de memórias. Seus sentimentos de ser atraído para uma determinada direção são o despertar de um aspecto de sua alma. Você está sendo atraído para uma estrada que não apenas o iluminará, mas também o seu lugar no mundo. Continue seguindo a orientação cósmica que está vindo em sua direção.

O Sonhador
Defina suas maiores metas

Mensagem

Vá além de suas limitações e acredite que o impossível é possível.

Significado

Você já se lembra de ter feito um desejo para uma estrela quando era criança e, em sua inocência, acreditar que ele se tornaria realidade? O Sonhador se conecta com a energia do cosmos e lembra que você tem a capacidade de obter apoio do universo. Sua capa reluzente mostra que você está mais perto da energia do universo do que pensa e não precisa sair procurando por ela, pois já está lá. Portanto, olhe além do agora e crie sonhos, visões e objetivos ainda maiores, porque com o poder e a ajuda do cosmos, esses desejos podem se tornar realidade.

Mensagem Detalhada

Você está à beira de um milagre. Todos os seus sonhos e aspirações estão ao seu alcance e você está sendo guiado para se concentrar em sua visão. Os anjos que estão com você o estão encorajando. Não há nada que você não possa ter ou alcançar.

Neste momento, há uma oportunidade de curar uma ferida antiga ou padrão de carência e de insuficiência. No passado, você frequentemente achava impossível reconhecer seu valor e acreditar que merecia bênçãos. A sabedoria dos anjos e ancestrais o está lembrando de que você é uma centelha incrível e infinita do universo, e o universo não está apenas dentro de você, ele simplesmente o adora. Você é talentoso, cheio de força e tem as habilidades necessárias para transformar seus sonhos mais loucos em realidade.

O Comerciante
Troque energia para criar abundância

Mensagem

Faça conexões e troque informações, talentos ou apoio.

Significado

O Comerciante traz a lição e a energia da troca. Quando ele aparecer, pode representar uma oportunidade de troca de talentos (sejam eles quais forem) para expansão, ou a troca de energias que vêm do universo. Ou ambos. Por exemplo, se você é uma pessoa criativa ou se considera assim, quando compartilha seus talentos, os está doando e, quando faz isso, o universo lhe dará multiplicado para que compartilhe mais. É um belo ciclo. O Comerciante também o lembra de ser aberto e honesto e agir com integridade em suas trocas, porque "fazer algo por interesse" só o levará a desafios.

Mensagem Detalhada

O universo opera sob a lei de causa e efeito e está sempre procurando retornar a um estado natural de equilíbrio. Portanto, se você estiver carente dos sentimentos de abundância neste momento, está sendo convidado a compartilhar seu tempo, seus dons e sua compreensão com os outros. Se estiver frustrado porque algo não está acontecendo em sua vida, em vez de se perguntar o que você pode conseguir, pergunte a si mesmo o que você pode dar. A troca de energia não significa necessariamente energia financeira, também pode significar dar apoio para se sentir apoiado.

Se você estiver se segurando em suas ofertas, agora é a hora de mudar isso. Permita-se ser aberto, honesto e vulnerável. Isso pode prepará-lo para uma abertura ainda maior de oportunidades nos próximos dias, semanas e meses.

A Viajante
Mova-se em uma nova direção

Mensagem

Seja receptivo a qualquer oportunidade de viajar, seja para o mundo exterior ou para o seu mundo interior.

Significado

A carta A Viajante representa o espírito cigano interior. A oportunidade de se mover em uma nova direção está chegando em seu caminho e a sabedoria ancestral está encorajando você a recebê-la de braços abertos. Viajar é um processo emocionante, porque você não apenas aprende sobre o mundo, mas também sobre si mesmo. Esta carta surge frequentemente quando há a chance de passar por um processo de despertar e entender ainda mais sobre as incríveis qualidades que você tem para compartilhar com o mundo. Frequentemente, essas viagens podem ser solitárias, mas isso por si só pode lhe ensinar que você nunca está realmente sozinho e que seus anjos e ancestrais estão lá para ajudá-lo.

Mensagem Detalhada

A estrada em que você está pode ser a menos percorrida, mas essa jornada será altamente benéfica para o seu crescimento emocional e espiritual. Se não se trata de distâncias externas, mas, sim, de distâncias internas, e você estará evoluindo a cada momento.

Lembre-se de manter as coisas simples e de aliviar sua carga, pois isso tornará sua viagem mais agradável. Você também está sendo encorajado a ver o quão longe chegou e como realmente cresceu como pessoa, porque este reconhecimento o ajudará a ir ainda mais longe.

E há uma boa chance de que ao longo do caminho faça novos amigos que se tornarão companheiros para toda a vida.

O Guerreiro
Seja destemido e mantenha-se firme

Mensagem

Não desista. Faça sua opinião ser ouvida. Não se contente com o segundo lugar.

Significado

Um guerreiro é aquele que está pronto e disposto a se conhecer e fazer o que for preciso para chegar onde deseja. Neste baralho, O Guerreiro incorpora o amor primordial feroz, o do guerreiro interior, a energia que você pode invocar para se proteger. Mesmo que acredite que não ama a si mesmo, se estiver exposto a uma situação que pode ser prejudicial ou perigosa, as medidas que você tomará para se proteger são, na verdade, atos de amor feroz.

Embora o Guerreiro nesta carta esteja rodeado por trevas, ele pertence à luz. O guerreiro interior é feito de luz e tem a capacidade de brilhar ainda mais intensamente ao encarar as trevas de frente.

Mensagem Detalhada

Se você estiver sentindo medo neste momento, saiba que isso significa que tudo o que está acontecendo é importante para você. Sempre que se sentir amedrontado, está à beira de algo grande, talvez um grande avanço que realmente o ajudará a seguir em frente.

Se você estiver em uma situação em que precisa enfrentar alguém ou algo que o está perturbando, saiba que está sendo orientado a convocar seu guerreiro interior. Não vacile e não tenha medo, porque você tem energia para se proteger agora e em todos os momentos.

A Bruxa Branca
Seja a luz

Mensagem

Pegue o caminho mais elevado e escolha a luz. Afaste-se de experiências que atraem energia negativa.

Significado

A carta A Bruxa Branca representa o aspecto da Donzela da Deusa Tríplice do paganismo e da Wicca moderna. A Donzela tem um aspecto gentil, inocente e puro da Deusa, uma alma amorosa que só deseja o melhor para toda a Terra. Aqui ela é acompanhada por uma coruja com chifres, mostrando que está disposta a respeitar aqueles com mais sabedoria e experiência do que ela, mas também a confiar no que acredita internamente ser certo. Com esta carta, você está sendo lembrado da bondade interior.

Mensagem Detalhada

Não importa o que esteja acontecendo com você ou ao seu redor, sempre há uma escolha. Decida não ser arrastado para dramas, brigas ou energias que irão limitar sua alegria. Se você estiver cercado por pessoas que são hostis com você ou com outra pessoa, ou se estiver em uma situação difícil, talvez em seu local de trabalho, está sendo convidado a ser a luz. Você é uma pessoa incrível que pode realmente emanar luz. Então, como você poderia transmutar a energia? Como poderia redirecionar a conversa para o amor? Como poderia se proteger? Como poderia ajudar a envolvida? Ou será que você é culpado por causar algum drama? Você saberá as respostas. Saiba também que está sendo encorajado a refletir a luz que nasceu para compartilhar.

A Erudita
Cresça dentro da sua situação atual

Mensagem

Esforce-se. Seja responsável e comprometido. Esteja aberto à sabedoria e às percepções dos mais velhos.

Significado

A Erudita representa o aspecto mais sábio da Deusa, a Anciã. No paganismo e na Wicca moderna, a Anciã tem um aspecto mais feroz, mais psíquico e mais consciente da Deusa, porque ela passou pelos muitos desafios da vida e superou inúmeros contratempos. Nesta carta, o corvo em suas mãos representa a capacidade de superar os tempos mais sombrios e renascer continuamente. Então, ela o ajuda a acessar a sabedoria para superar tudo o que a vida despeja em você, sendo esta sabedoria a informação armazenada em sua alma, ao invés do conhecimento adquirido nesta vida, e a aprender com a experiência dos anciãos.

Mensagem Detalhada

A sabedoria da Erudita é baseada em algo que muitas vezes falta à geração mais jovem: compromisso e confiabilidade. Quando esta carta aparecer, você estará sendo orientado a continuar trabalhando em seu crescimento e expansão dentro de sua situação atual. Esteja comprometido com suas tarefas e projetos. Pode ser muito fácil ficar entediado ou oprimido, mas persevere.

Esta carta o lembra de como é sentir-se decepcionado ao sentir a falta de confiabilidade, e não foi para isso que você nasceu. Portanto, continue focando naquilo em que está trabalhando, porque será extremamente benéfico para você a longo prazo.

Guardiões e Mensageiros

Guardiã do Ar
Mude Sua Percepção

Mensagem

Mude a forma de pensar e altere toda a sua realidade.

Significado

A carta Guardiã do Ar representa os anjos do elemento Ar. Tradicionalmente, o Ar está relacionado a pensamentos, raciocínio e tudo o que estiver acontecendo na mente. Assim, esses anjos podem ajudá-lo a superar quaisquer pensamentos do passado que voltem para assombrá-lo e a ver o mundo com mais clareza. Eles o estão orientando a mudar sua maneira de pensar diante de certas situações, pois isso pode estar sendo uma barreira entre você e a grandeza.

Mensagem Detalhada

Quando esta carta surgir no baralho, é uma oportunidade de aprender sobre sua maneira de pensar. Você está sendo guiado a reconhecer que nem tudo é o que parece. Às vezes, a mente pode pregar peças e nossas percepções podem estar erradas. Se você estiver sendo desafiado ou sentindo que falta clareza e direção em sua vida no momento, há uma boa chance de que sua maneira de pensar ou o que está focando tenha muito a ver com essa realidade. Você está sendo guiado a abrir seus olhos e sua mente, ir além de quaisquer limites que estabeleceu para si mesmo e reconhecer que a maneira como você vê o mundo é como o experimentará. As oportunidades estão se movendo em sua direção, mas só se abrirão para você se estiver pronto para fazer o trabalho interno para apoiá-las.

Guardiã Animal
Confie em seus instintos

Mensagem

Confie no poderoso espírito animal interior para aprender mais sobre você e seus talentos.

Significado

A carta Guardiã Animal é a carta que representa os anjos do reino animal. Os animais são anjos da natureza que têm lições incríveis a oferecer e realizam curas ao apoiá-lo em sua jornada espiritual e ajudá-lo a vencer a alguns de seus maiores desafios. Quando você se conectar com as energias dos animais, poderá aprender muito sobre você e a Terra. Você também tem energia animal instintiva capaz de direcioná-lo a tudo que o precisa (e muito mais).

A carta Guardiã Animal retrata um anjo tribal acompanhado por seus animais. Ela os ama e eles a amam, demonstrando como a natureza está incrivelmente conectada com os reinos espirituais.

Mensagem Detalhada

Você tem um animal poderoso que pode ser selvagem, protetor, instintivo e até calmo. Os animais não duvidam de como eles se sentem, apenas expressam isso, e você pode aprender com eles. Quando esta carta surgir, é importante se conectar com como você realmente se sente, como deseja se sentir e com o que você realmente precisa.

Reserve um tempo para se conectar com a energia animal e expressá-la naturalmente. Deixe até mesmo a energia mais violenta passar por você antes de retornar ao seu estado natural. Ela vai ensiná-lo sobre seus dons e como você pode crescer.

Guardião da Direção
Faça suas escolhas

Mensagem

Conecte-se com seus desejos mais profundos e, em seguida, escolha o caminho que fará seu coração e sua alma cantarem.

Significado

A carta do Guardião da Direção representa os anjos da direção. Esses incríveis seres etéreos são aqueles que vêm até nós quando estamos em uma encruzilhada e não sabemos que caminho seguir, quando não temos certeza do que é certo para nós ou do quadro geral. Eles podem nos ajudar a saber o que é melhor para todos os envolvidos.

A carta do Guardião da Direção refere-se à visão do profeta hebreu Ezequiel, que dizem ter sido um anjo com quatro faces: uma era uma criança (querubim), outra era um touro, outra um leão e a outra uma águia. Estas quatro faces mostram que os anjos podem aparecer sob muitos disfarces e guiar-nos em muitas direções diferentes, mas sempre para o nosso bem maior.

Mensagem Detalhada

Seu caminho não está definido em pedra, por isso seus anjos e guias não têm expectativas para você, e nem você deveria, pois existem muitas direções a serem seguidas. Nenhuma delas está errada, pois todas possuem oportunidades perfeitas para crescer e aprender.

Mas a vida é para ser desfrutada e saboreada, então, se você sabe que há uma decisão a ser tomada, e particularmente se estiver se sentindo indeciso, escolha o caminho que sabe que o iluminará. E escolha com seu coração.

Guardião da Terra
Mantenha-se centrado e com os pés no chão

Mensagem

Reserve um tempo para se conectar profundamente com a energia da Terra para que você possa se sentir apoiado e tomar decisões com base na força e integridade.

Significado

O Guardião da Terra representa os anjos da Terra, que trazem cura ao fazerem-no se sentir ancorado e forte. Eles são os protetores da terra e do planeta e podem ajudá-lo a se conectar com sua missão aqui ao apoiar a evolução do planeta.

O Guardião da Terra na carta é um ser não-binário parte anjo, parte elemental, sendo divinos, sem um gênero humano. Seu cajado, adornado com um apanhador de sonhos, mostra a capacidade de ajudá-lo a concretizar seus sonhos.

Mensagem Detalhada

É importante que você fundamente sua abordagem em sua situação atual. Se estiver se precipitando ou tomando uma decisão com base em suas reações mais temerosas, perderá o crescimento que merece. Reserve algum tempo para se acalmar e se centrar antes de prosseguir.

Respire, relaxe e conecte-se consigo. Então, considere o que fazer. É importante plantar sementes que vão se transformar em algo bonito, em vez de se transformar em uma erva daninha com a qual você tem que lidar!

Guardião do Fogo
Acenda suas paixões

Mensagem

Conecte-se com seus desejos. As faíscas podem levar a algo lindo.

Significado

O Guardião do Fogo representa os anjos do Fogo. O fogo é uma energia da qual muitas pessoas têm medo, mas não deveriam ter. Desejos ardentes podem levar a uma grande expansão. Permita que o Guardião do

Fogo o ajude a despertar um lado mais selvagem de você mesmo e queime qualquer medo ou vergonha que se interponha entre você e seus desejos. Quando esta carta aparecer, você será lembrado de que a paixão é poderosa e absolutamente encorajada pelo espírito.

Mensagem Detalhada

Você está sendo guiado por seus anjos para se conectar com a poderosa energia do desejo neste momento. Se você recentemente estabeleceu a intenção de explorar seu lado sexual ou de se tornar mais aberto sexualmente, o fogo do desejo pode queimar quaisquer velhos contratempos que o estejam impedindo de expressar essa parte de sua natureza.

Se você estiver em um relacionamento, esta carta pode indicar uma grande conexão espiritual e sexual.

Anjo Guardião
Você não está sozinho

Mensagem

Fique atento aos sinais e lembretes de seus anjos e entes queridos de que eles estão por perto. Lembre-se de que eles estão trabalhando muito para guiá-lo.

Significado

A carta Anjo Guardião mostra a pena branca que se tornou conhecida como "o cartão de visita do anjo da guarda". Sempre que uma pena branca aparecer em sua vida e/ou esta carta aparecer em uma leitura, é uma mensagem para dizer que seu anjo da guarda e guias ancestrais estão particularmente próximos neste momento e estão lá para apoiá-lo com seu amor. Se você pediu ajuda em uma situação particular, saiba que está havendo intervenção divina.

Mensagem Detalhada

Todos têm um anjo da guarda para acompanhá-los em todas as suas vidas passadas e que estará lá em todas as vidas futuras. Portanto, saiba que você nunca estará sozinho. Esta carta é um grande lembrete de que sempre há ajuda e apoio disponíveis para você. Seu anjo da guarda está com você agora e está aqui para ajudá-lo em todos os seus empreendimentos.

Para receber plenamente o seu apoio, primeiro invoque-o e depois entregue-se ao processo. Saiba que tudo o que acontecer será para o seu bem maior.

Guardiã do Coração
Ame e se permita ser amado

Mensagem

Receba de braços abertos as oportunidades para dar e receber amor.

Significado

A carta Guardiã do Coração é uma energia angelical que pode ajudá-lo a pedir proteção e orientação para todas as questões que envolvem o coração. Este é essencialmente o anjo que o ajuda em todos os relacionamentos, sejam eles com você, com a família ou mesmo em uma conexão romântica, que pode capacitá-lo a ir além de quaisquer medos limitantes sobre confiança, a discernir em quem confiar e a entender como você pode seguir em frente em um relacionamento equilibrado com uma pessoa. Nesta carta o anjo é adornado com um coração sagrado e envolto em uma capa vermelha para mostrar sua capacidade de deixar o amor mostrar o caminho.

Mensagem Detalhada

Você é amor, amável e amoroso. A energia do amor está envolvendo todo o seu mundo neste momento. Anjos estão girando ao seu redor, encorajando-o a abrir seu coração e a revelar as bênçãos que você tem a oferecer. Eles querem que saiba que é um ser extremamente amoroso que merece dar e receber amor.

Se você estiver achando difícil sentir amor neste momento, é importante que se dê o devido crédito. Você também é incentivado a receber o apoio de outras pessoas. Aprenda a receber, não tente fazer tudo sozinho.

Se você estiver buscando um relacionamento ou já estiver em um, esta carta pode introduzir energias que permitem que você forje uma conexão poderosa com seu parceiro. O amor está no ar!

Guardiã da Magia
Desbloqueie a magia interior

Mensagem

Pare de olhar para o exterior e reconheça que tem um poder incrível dentro de você.

Significado

Diferentemente de mágica, a magia é a energia do universo que permite que você se manifeste e crie através da direção e poder de sua vontade e muda de acordo com sua frequência. A carta Guardiã da Magia é uma representação do anjo da magia que o ajuda a direcionar sua vontade para trazer algo à criação. É o anjo que gira em torno dos xamãs e sábios quando eles estão invocando a energia da magia para ajudá-los a manifestar algo que os curará e apoiará seu caminho. É o anjo de toda magia que é dirigida para o bem maior de quem está trabalhando com ela.

Mensagem Detalhada

Você é a magia, é a resposta, tem tudo dentro de si. Se estiver procurando por algo ou um motivo para se concentrar, reconheça que já possui tudo o que está buscando. Você é uma pessoa poderosa e mágica com a capacidade de direcionar suas intenções e realizar seus desejos. Mas seu poder só pode ser poderoso quando você o possuir. Portanto, reserve um tempo para reconhecê-lo. Sua capacidade de se dedicar a um objetivo e fazê-lo acontecer é um verdadeiro presente que está sendo orientado a reconhecer agora.

Guardião da Cura
Esteja aberto a informações curativas

Mensagem

Ouça o que está surgindo dentro de você e o que está sendo compartilhado por outras pessoas de confiança em sua vida. Preste atenção às informações curativas.

Significado

Os anjos da cura podem ajudá-lo a se curar emocional, espiritual e fisicamente com a energia deles, mas também podem direcioná-lo a informações que o ajudarão a regressar à integridade. Quando esta carta aparecer, informações estarão sendo reveladas que podem ajudar a curar um aspecto de sua situação atual, seja sua saúde, relacionamentos ou mesmo carreira, então fique alerta para isso. A carta Guardiã da Cura tem um caduceu (bastão), que representa a capacidade de curar com a força da vontade e do desejo, e um cálice, que representa o retorno a um estado de plenitude, em que seu copo não está mais cheio, mas transbordando de bondade. A cor esmeralda da carta representa os raios curativos do Arcanjo Rafael e seus anjos curadores.

Mensagem Detalhada

Você está sendo exposto a informações e percepções que terão um efeito dramático de cura em sua vida. Se você estiver trabalhando em algo mental ou emocionalmente, saiba que existem energias espirituais apoiando a sua cura. Se estiver trabalhando em algo que é fisicamente desafiador, preste atenção especial às informações que chegam até você que parecem inspiradas, perspicazes e calorosas, elas darão suporte ao seu bem-estar. Seus anjos estão aqui para lembrá-lo de que seu estado natural é de plenitude e você está no caminho para revelar essa integridade mais uma vez.

Guardiã do Espelho
Reserve um tempo para refletir

Mensagem
Reserve algum tempo para refletir sobre seus pontos fortes e desafios e o quão longe você chegou. Reconheça seus dons.

Significado
Os anjos aceitam você do jeito que é. Mesmo quando está passando por um momento difícil, eles ainda o têm na mais alta estima. A Guardiã do Espelho, um anjo

feminino olhando no espelho da vida, convida você a testemunhar sua força espiritual e beleza, e a se ver como os anjos o fazem. O espelho representa o fato de que suas crenças e ideias centrais são de fato o que é refletido de volta para você por seu mundo. Sua vida é um grande espelho de como você se sente interiormente e a Guardiã do Espelho o ajuda a reconhecer isso. Quando esta carta aparecer, você estará sendo convidado a reservar um tempo para ver onde está agora.

Mensagem Detalhada

Você é um ser lindo que superou tantos desafios e se expandiu de tantas maneiras. Seus anjos agora o estão guiando para fazer um inventário de sua vida, para ter tempo para anotar todas as suas experiências recentes: os desafios que você superou, os pontos fortes que desenvolveu e as lições que aprendeu. Seus anjos querem que você reflita sobre seus pontos fortes, em particular aqueles aspectos de si mesmo que acredita não serem reconhecidos pelos outros. Ofereça-se aprovação quando for devido e saiba que, quando se der crédito, os outros também darão.

Guardiã da Proteção
Baixe sua guarda

Mensagem

Abandone todos os escudos de vergonha, resistência e medo que se interpõem entre você e suas chances de diversão. Saiba que não precisa esconder quem é ou os dons que tem. Você nasceu para brilhar.

Significado

A Guardiã da Proteção é uma versão feminina do Arcanjo Miguel. Ela é um anjo guerreiro feroz, protetor, mas amoroso, que carrega um escudo indestrutível de poder e proteção e virá a todos que a invocarem. Ela o ajudará a largar seus escudos baseados no medo e a se mover para um campo de força amoroso e protetor que o manterá seguro, mas permitirá que seus dons brilhem. Embora ela esteja aqui para protegê-lo das energias mais densas, está completamente relaxada, serena e confiante, porque ela acredita que o amor sempre prevalecerá.

Mensagem Detalhada

Você pode ter passado por situações que lhe causaram certo embaraço em seu passado, mas esse não é o seu presente.

Os anjos estão se aproximando neste momento para ajudá-lo a ir além de quaisquer pensamentos, emoções e padrões limitantes que podem estar fazendo você se sentir inseguro. Saiba que a proteção angelical está girando ao seu redor neste momento e o ajudará a seguir em frente de uma forma mais destemida.

Chame seus guias para obter ajuda na mudança de sua frequência para que você possa se sentir seguro e protegido neste momento. Você é mais forte do que pensa, e seus anjos e guias ancestrais estão aqui para ajudá-lo a perceber isso agora.

Guardiã da Água
Conecte-se com suas emoções

Mensagem

Tire um tempo para entender como você realmente se sente. Saiba que sua sensibilidade não é uma maldição, mas um dom que permite receber e entender mensagens diretamente de sua alma.

Significado

A água é o elemento que está em seu sangue, em suas lágrimas e em sua carne. A Guardiã da Água representa os anjos da Água, que podem ajudá-lo a mergulhar para entender a profundidade de suas emoções. Esses anjos servem para fazê-lo ver que suas emoções não são apenas os sentimentos que estão na superfície, mas também as velhas emoções que você pode ter bloqueado nas sombras de sua alma. Ao ajudá-lo a reconhecer suas emoções mais profundas, os anjos da Água o ajudam a ouvir as mensagens que eles têm e a desbloquear seus poderes intuitivos e as energias da abundância.

Mensagem Detalhada

Seus anjos querem que saiba que está tudo bem em sentir as emoções que estão surgindo em você neste momento. Não importa se eles estão alegres ou tristes, eles são todos mensageiros poderosos que permitem que você entenda o que quer e precisa. Tirar um tempo para respirar e reconhecê-los permite que eles fluam através de você, em vez de desabar como uma onda avassaladora. Observe que também existem mensagens intuitivas/psíquicas surgindo neste momento e, a menos que reconheça tudo conforme surge, pode perder orientações importantes que podem levá-lo a apoiar e amar.

Símbolos do Guerreiro

A Flecha
Cerque-se de energia protetora

Mensagem

Cerque-se de pessoas, experiências e ambientes positivos que o façam sentir-se seguro. Chame seus anjos, guias e ancestrais para lhe trazer proteção.

Significado

As flechas há muito são reverenciadas como símbolos de proteção, já que muitos povos nativos usavam o arco e a flecha como arma de defesa. Quando uma flecha aparecer em meditação ou sonhos, ou uma leitura de oráculo, é um sinal de que precisa se proteger e do que é importante, porque nem todos têm as mesmas intenções que você. Isso não significa que as pessoas estão intencionalmente querendo machucá-lo, mas elas podem ser descuidadas em suas escolhas e ações e isso poderá afetá-lo. Existem energias ao seu redor que podem diminuir sua vibração e é importante que você se torne consciente delas e não seja derrubado.

Mensagem Detalhada

Se estiver em uma situação em que sente que nem tudo é tão claro quanto parece, confie na sua intuição. Existem energias em sua situação atual que não estão totalmente alinhadas com suas intenções e objetivos, ou com a bondade.

Siga sua intuição sobre em quem confiar e no que confiar. Se puder reservar um tempo para recuar ou sair dessa situação para avaliar o que será benéfico para si, faça-o. Em qualquer caso, este é o momento de invocar a energia da proteção e de se colocar em um espaço que lhe pareça seguro.

A Flecha Partida
Abrace a energia da paz

Mensagem

Deixe de lado a necessidade de se defender e prepare-se para ofertar paz. Você está seguro.

Significado

Assim como a carta A Flecha simboliza defesa e proteção, a carta A Flecha Partida simboliza a paz. Nas tradições dos índios americanos, uma flecha quebrada significaria que as tribos não estavam mais lutando entre si, mas fazendo alianças. Quando você visualizar uma flecha quebrada em uma meditação, visão, sonho ou leitura, é uma mensagem de que não precisa mais lutar, porque a paz chegou. Este é um poderoso símbolo de harmonia, serenidade e comunidade.

Mensagem Detalhada

Se você foi exposto a uma situação em que sentiu a necessidade de se proteger ou de defender o que acha que é certo, saiba que agora isso está chegando ao fim. Com a chegada da carta A Flecha Partida, você está tomando conhecimento de que as energias de luz estão entrando para limpar as trevas. Você pode largar seus escudos e proteção, pois agora está em uma situação que irá honrar a si e as suas necessidades. As discussões estão terminando e as divergências estão sendo resolvidas. Prepare-se para conversar sobre coisas e ofertar a paz que você gostaria de desfrutar.

Para avançar de uma forma mais destemida, é importante que renuncie à ideia de que pode ser magoado por esta situação ou pelas pessoas envolvidas, porque isso atrapalhará você. Saiba que seus anjos e ancestrais estão ao seu redor, protegendo-o e levando-o adiante com amor.

O Tambor
Sonhe e Viaje

Mensagem

Faça uma jornada interna para descobrir percepções e informações que serão importantes para a sua jornada. Em seguida, siga as orientações.

Significado

Nas tradições xamânicas em todos os quatro cantos do mundo, o tambor é reconhecido como a principal ferramenta usada por curandeiros e feiticeiros para direcionar sua vontade e auxiliar na meditação. Uma batida de tambor pode se tornar hipnótica e levar aqueles que estão ouvindo a um estado alterado que pode permitir que viajem aos reinos espirituais e encontrem seus guias. Quando a carta O Tambor aparecer em uma leitura, existem oportunidades para você sonhar ou trazer uma visão interior à realidade.

Mensagem Detalhada

Você está muito conectado com os outros mundos neste momento. A sabedoria e inteligência da Terra e sua magia envolvem você. O Tambor, que ecoa o som do batimento cardíaco da Mãe Terra, limpou as teias de aranha e a poeira de sua visão interior. O que você viu em seus sonhos e em sua visão interior não é imaginação, mas orientação, principalmente se isso tiver acontecido com você repetidamente e tiver o potencial de se tornar realidade. Os sonhos se tornam realidade, persiga-os.

A Águia
Veja de uma perspectiva mais elevada

Mensagem

Veja as coisas de um ângulo diferente. Voe mais alto e veja novas possibilidades.

Significado

Na medicina animal, tanto nativa americana quanto celta, a águia extrai seu poder e força do sol. Ela é um guia poderoso, forte e corajoso, capaz de enxergar a quilômetros de distância e aborda todas as coisas com inteligência, graça e equilíbrio, com a capacidade de traçar um plano antes de colocá-lo em ação. Quando a carta A Águia aparecer em uma leitura, mostrará que você tem uma capacidade real de elevar as coisas e ir além das limitações de seu ego e de seus desejos egoístas.

Mensagem Detalhada

A cura da Águia gira em torno de você, encorajando-o a reconhecer que suas visões ou visão podem estar limitadas neste momento.

Existe uma chance de que seu próprio desespero, necessidades ou ego possam estar impedindo você de ver o potencial em sua situação atual? Se houver outras pessoas envolvidas, você está sendo guiado para ver as coisas da perspectiva de todos. Se estiver sentindo a necessidade de algo mudar, como fará para chegar ao ponto mais elevado? Saiba que se tiver intenções que não são exatamente as melhores, isso apenas o deterá.

A cura desta carta pode ajudá-lo a mudar isso. A Águia traz a energia de cura e amor diretamente do coração do Pai Celestial e o convida a fazer todas as coisas de um lugar de amor.

A Lua
Anote as mensagens intuitivas

Mensagem

Use sua intuição. Pratique o discernimento. Veja através de ilusões e bloqueios.

Significado

A Lua é fortemente associada ao divino feminino e à energia de recepção. Se o Sol é Deus, a Lua é a Deusa e, portanto, ela oferece uma poderosa energia de polaridade e equilíbrio. Sua energia é cíclica e conecta-se

A Lua

fortemente às emoções que, muitas vezes vêm e vão em ondas, em um comportamento um tanto interessante, de modo que quando a Lua aparecer em uma leitura, muitas vezes ela apontará que nem tudo é o que parece. A Lua tem um lado escuro (apenas escuro, não negativo) e pode mostrar por que você foi mantido na escuridão.

Mensagem Detalhada

As energias lunares estão envolvendo sua vida, permitindo que você entenda o que está em seu caminho.

Nem tudo é o que parece e você está sendo orientado a usar seu discernimento. Quando a Lua aparecer, os impulsos intuitivos ou psíquicos aumentarão, portanto, tome nota de quaisquer sentimentos que surjam neste momento, serão mensagens de sua alma e dos anjos.

A Lua ilumina tudo o que foi mantido no escuro, então pergunte a si mesmo se está evitando alguma situação ou se recusando a lidar com algo importante. Nesse caso, pode isso estar mantendo você nas sombras quando seu destino é estar na luz. Se esta carta aparecer quando você sentir que alguém não está sendo completamente sincero com você, saiba que as intenções dessa pessoa serão reveladas a você. A Lua não tem segredos, revela tudo.

As Montanhas
Mantenha-se firme

Mensagem

Mantenha-se firme naquilo em que acredita ou no que está se concentrando, pois está absolutamente correto. Saiba que o céu e a terra estão apoiando você.

Significado

As montanhas são fortes e sábias. Estão "fincadas" nas profundezas da Terra e podem alcançar o céu, permanecendo no mesmo lugar há milhares de anos.

Elas foram o lar de animais, humanos as escalaram e presenciaram as estações irem e virem. Não importa o que tenha acontecido com elas, permaneceram fortes, imóveis e inabaláveis e, portanto, oferecem as energias espirituais de força e resiliência.

Mensagem Detalhada

A energia da montanha é poderosa porque está firmemente enraizada na Grande Mãe e alcança o Grande Pai no céu. Se você estiver se sentindo desafiado ou pressionado neste momento, saiba que seu espírito é mais poderoso do que pensa. Você é resiliente e aterrado, e a energia e o ar das montanhas estão dando a você a força inabalável para ser quem é.

Reserve um tempo para se centrar profundamente na energia da terra antes de dar as boas-vindas às energias do céu. Se você não tiver certeza do que precisa fazer a seguir, a carta A Montanha o convida a ficar exatamente onde está, conversar sobre o assunto com as pessoas ao seu redor sabendo que a mudança acontecerá. Você estará pleno e bem no final dessa situação e isso não será um obstáculo para o seu crescimento e expansão futuros.

A Cobra
Troque de pele

Mensagem

Jogue fora o velho e revele suas verdadeiras cores, talentos e dons para o mundo.

Significado

Em muitas tradições espirituais, a cobra oferece uma cura poderosa. Nos ensinamentos tântricos, simboliza a Kundalini, que é a poderosa energia serpentina interior que permite que você alcance seu potencial espiritual mais elevado. Quando os sagrados viam uma cobra na natureza ou encontravam uma em um sonho, sabiam que havia uma transformação no ar. Para mim, a carta A Cobra não apenas representa a perda de pele velha, mas ir além das limitações causadas por carregar o veneno de pensamentos negativos sobre os outros ou o passado.

Mensagem Detalhada

A energia de renovação está limpando sua vida neste momento. Se, por algum motivo, sentir que seu verdadeiro eu não foi reconhecido ou que foi mal interpretado por outras pessoas, saiba que esta energia agora está deixando você. À medida que trabalha com suas velhas narrativas e todas as crenças autolimitadoras que acumulou ao longo do caminho, você estará arrancando um escudo de pele que criou experiências limitantes.

Seu compromisso pessoal com o crescimento foi reconhecido e agora o mundo exterior começará a refletir todo o trabalho que você tem feito internamente. Se sentir que alguém que você ama o entendeu mal recentemente, essa pessoa será capaz de ver além disso, se você estiver disposto a reconhecer seus próprios desafios. Este é um momento de renovação, abundância e conexão. Permita-se renascer e celebrar.

O Cervo
Confie e prospere

Mensagem

Venha viver e prosperar. Mantenha sua luz e glória com graça e majestade.

Significado

A carta O Cervo traz uma cura elegante e poderosa para sua vida. Nas tradições celtas, o cervo, com sua coroa de chifres, é conhecido como o rei da floresta e é um totem que traz proteção em tempos difíceis. Nas tradições dos índios americanos, ele é muito amado, pois cervos e veados proveem comida para as pessoas e matéria prima que lhes permitem criar itens como tambores, chocalhos e abanos de pena. Embora o cervo tenha sido caçado no passado, e ainda seja no presente, ele tem força, dignidade e equilíbrio. Quando esta carta surgir no baralho, ela também pode representar fertilidade e sexualidade, talvez uma oportunidade de explorar seu lado sexual, com sua integridade espiritual apoiando você nessa jornada.

Mensagem Detalhada

Você tem uma oportunidade de prosperar. Confie em tudo o que tem a oferecer, todos os seus dons, força e poder, e aproveite ao máximo. Você nasceu para liderar e isso só pode se tornar realidade quando estiver disposto a se colocar nessa posição. A energia do cervo permite que você se sinta seguro porque os chifres afastam qualquer coisa que possa interferir em sua inteligência e presença, e sua força lhe dá o poder de ser ágil em seu pensamento. Você está sendo incentivado a manter sua dignidade e ter orgulho de quem é e de tudo o que conquistou. Isso, por sua vez, dá a você ainda mais poder para prosperar. Vá em frente!

Sol
Desfrute do sucesso e da felicidade

Mensagem

Saiba que as portas estão se abrindo para você. Atente-se a novos projetos, empreendimentos e ideias. Conecte-se com o fogo interior que o está impulsionando.

Significado

O Sol há muito é associado à energia do sucesso, é o astro mais poderoso do sistema solar, então é claro que quando a carta O Sol aparecer em uma leitura, ela trará poder, sucesso e luz. Ela ilumina todas as conexões, elimina as trevas, traz uma sensação de juventude e o convida a se conectar com a energia da alegria para que você possa ser luz em espírito e no coração.

Mensagem Detalhada

Você está sendo cercado pelo brilho do Sol neste momento. Oportunidades de sentir e ter sucesso estão girando e dançando ao seu redor. Relacionamentos e amizades progridem com alegria e você se sentirá feliz e elevado. Se estiver em um lugar claro e ensolarado agora, haverá outras maneiras de desfrutar do calor e da alegria. A energia solar traz saúde e vitalidade e pode energizar e aquecer, e também encoraja tudo a crescer.

A energia de expansão está com você neste momento e está sendo oferecida a oportunidade perfeita para seguir em frente. Se você quiser dar vida a algo ou estiver pronto para dar um novo passo em um relacionamento, O Sol trará a energia certa para você. Se estiver fazendo uma pergunta, a resposta é definitivamente sim!

Estações

Outono
Liberte-se do passado e descanse

Mensagem

Libere toda a pressão e expectativa que está pesando sobre você. Descarte tudo para que possa se recuperar antes de entrar em um momento de renovação.

Significado

O outono é a época em que as árvores se preparam para o longo e frio inverno e precisam se livrar de todo o peso que carregam para continuar a crescer e prosperar.

Às vezes, você também precisa renunciar a um aspecto de si mesmo para continuar sua jornada. O corvo na carta Outono mostra que há uma oportunidade de cura neste momento. Na medicina celta animal, esta ave representa cura e iniciação. A cura trazida por ela é uma mudança que permite que você se mova para um espaço psíquico mais poderoso, onde pode estar mais ciente de suas necessidades e desejos e ser melhor apoiado.

Mensagem Detalhada

Você tem ciência do que está pesando em seus ombros e daquilo que está bloqueando seu caminho. É uma pessoa, uma situação, um sonho? Como as árvores que perdem suas folhas e frutos no outono, é hora de desapegar. Quando você tenta controlar a realidade, prendendo-a, isso nunca funciona. Quando você a deixa ir, abre espaço para o novo entrar em sua vida. Você está sendo guiado por seus anjos e pela própria natureza para liberar tudo o que está o impedindo de seguir em frente. E você pode fazer isso. Quando a carta Outono estiver na posição de futuro em uma abertura ou como a última carta em uma leitura, pode indicar que o outono que se aproxima introduzirá energias importantes no que diz respeito à pergunta realizada ou às suas intenções.

Primavera
Observe suas sementes crescerem

Mensagem

Abrace a mudança no horizonte. Permita que seus sonhos se tornem realidade.

Significado

A primavera é uma época emocionante porque tem muito potencial. Os animais estão saindo da hibernação, as flores estão brotando do solo e os dias estão ficando mais iluminados e brilhantes. A carta apresenta uma lebre selvagem porque, na medicina celta animal, este mamífero traz intuição e renascimento. As lebres são seres altamente férteis e por isso sua forma de cura é dar vida aos sonhos.

Mensagem Detalhada

É hora de dar vida a todas as suas ideias, inspirações e projetos. Quando esta carta aparecer, você estará entrando em um espaço que o permite crescer, expandir e criar de uma maneira jamais feita. Existem oportunidades de abundância, incluindo crescimento financeiro, e se você está começando algo novo, prepare-se para uma grande expansão em sua vida e alma. Quando a carta Primavera estiver na posição de futuro em uma abertura ou como a última carta em uma leitura, pode indicar que a primavera que se aproxima introduzirá energias importantes no que diz respeito à pergunta realizada ou às suas intenções.

Verão
Aprecie o júbilo e a luz

Mensagem

Erga-se, abra suas asas e brilhe. Traga seus projetos e planos para a luz, manifeste-se.

Significado

O verão sempre foi reconhecido como uma época de alegria, de aventuras e de guardar lembranças. As flores estão em plena floração, os animais estão desfrutando da liberdade dos dias e noites selvagens da estação e as pessoas estão tirando férias, aquecendo-se ao sol e sendo estimuladas energeticamente pela luz e pelo calor.

Mensagem Detalhada

Esta é a oportunidade perfeita para você colher os frutos do seu trabalho. A luz veio para banir as trevas. A clareza também está chegando, permitindo que você saiba exatamente onde está e como pode seguir em frente. Anjos e guias ancestrais estão encorajando você a aproveitar este momento e a não se precipitar, pois agora é hora de alegria, prazer e expansão. Há uma grande chance de se ter energia extra, criatividade e inspiração – observe o que está vindo para você, pois é inspiração diretamente do divino. Quando a carta Verão estiver na posição de futuro em uma abertura ou como a última carta em uma leitura, pode indicar que o verão que se aproxima introduzirá energias importantes no que diz respeito à pergunta realizada ou às suas intenções.

Inverno
Cuide de suas necessidades

Mensagem

Faça tudo o que for necessário para estar no seu melhor. Em seguida, vença seus medos e limitações.

Significado

Para muitos do reino animal, o inverno é uma época de hibernação e recolhimento, e pode ser que você também esteja querendo se resguardar. Mas, embora talvez não esteja se sentindo tão radiante quanto deveria, uma força interior primordial está o encorajando a continuar. A carta Inverno apresenta um lobo, um dos poucos animais que se mantêm ativos durante todo o ano. Lobos conseguem tanto se virar sozinhos quanto prosperar dentro de uma matilha, então, se você sentir que está precisando de um tempo a sós, saiba que a medicina do lobo o ajudará a superar suas inseguranças e relaxar em seu próprio espaço.

Mensagem Detalhada

Existe a oportunidade de superar seus medos. Embora possa estar se sentindo no escuro, você deve confiar que a luz que existe dentro de você o guiará durante o que pode parecer um processo desafiador, deixando-o confortável em meio ao desconhecido. Pergunte a si mesmo o que é preciso para se sentir apoiado e vivo. Pode ser que descubra um assunto enterrado de seu passado; saiba que quando você o desenterra e lança luz sobre ele, cria espaço para milagres. Talvez você esteja se sentindo como um lobo solitário agora, mas é hora de se tornar o "macho alfa"! Quando a carta Inverno estiver na posição de futuro em uma abertura ou como a última carta em uma leitura, pode indicar que o inverno que se aproxima introduzirá energias importantes no que diz respeito à pergunta realizada ou às suas intenções.

SOBRE A ARTISTA

Lily Moses é uma artista cujo trabalho é inspirado na beleza da vida que está dentro de todas as coisas visíveis e invisíveis.

Trabalhando principalmente com acrílico, lápis e folha de ouro, cada peça prediz a história de um processo alquímico relevante para os nossos tempos ao fazer uso de símbolos e arquétipos de mitos e lendas.

Lily nasceu na Nova Zelândia e se mudou para a Austrália aos 12 anos. Ela mora em Queensland, Austrália, e trabalha em tempo integral como artista.

  Lily Moses

  @lilymosesart

  lilymoses.com

SOBRE O AUTOR

Kyle Gray tem tido encontros espirituais desde tenra idade. Quando ele tinha apenas quatro anos, a alma de sua avó veio "do outro lado" para visitá-lo. Enquanto crescia, Kyle sempre teve a capacidade de ouvir, sentir e ver aquilo que vai além dos sentidos naturais, o que o levou a descobrir o poder e o amor dos anjos em sua adolescência.

Agora, Kyle é um dos especialistas contemporâneos mais procurados em sua área. Com sua habilidade única de se manter fundamentado e crível, ele reintroduz os anjos e a espiritualidade de uma forma acessível ao público atual de modo a tornar o antigo conhecimento espiritual relevante para o leitor de hoje.

Kyle dissemina seu conhecimento por todo o mundo, lotando palestras realizadas no Reino Unido e na Europa. Ele mora em Glasgow, Escócia, e é autor de seis livros e três baralhos de cartas.

ANOTAÇÕES IMPORTANTES

ANOTAÇÕES IMPORTANTES

ANOTAÇÕES IMPORTANTES